나를 변화시키는 좋은 습관

# GOOD
# HABIT

# 나를 변화시키는
# 좋은 습관

## 습관을 바꾸면 인생이 달라진다

· 한창욱 지음 ·

**다연**
DAYEONBOOK

# Prologue

## 성공은 어디에 있는가?

《나를 변화시키는 좋은 습관》은 2004년 초판을 발행한 뒤로 꾸준하게 독자들의 사랑을 받으며 스테디셀러가 되었다.

세월이 흐른 만큼 시대 또한 많이 바뀌었다. 이에 새롭게 인테리어를 하는 마음으로 낡은 부분은 삭제하고, 빠진 부분은 첨가해서 개정증보판을 출간했다.

갖가지 환경의 변화로 말미암아 국내외 안팎이 어수선한 요즘, 이책을 통해 마음가짐을 새롭게 하고 지혜의 눈을 뜨길 바란다.

두 친구가 있다.

A는 부잣집에서 태어났고, B는 가난한 집에서 태어났다. 그들은 중학교 때 만나 같은 고등학교를 다녔고, 같은 대학에서 경영학을 전공했다.

20년이 흐른 뒤 동창회에서 그들은 다시 만났다. A는 성공한 사업가가 되어 있었고, B는 처음 입사했던 회사에서 정리 해고되어 새 일자리를 찾고 있었다.

술이 거나하게 오른 B가 말했다.

"만약 내 아버지가 부자였더라면 나도 일찌감치 독립해서 사업을 했을 거야. 그랬더라면 지금쯤은 남부럽잖게 살고 있겠지."

정말로 그랬을까? 천만의 말씀이다. 그는 성공에 대한 개념조차 파악하지 못하고 있었다. A가 성공한 이유는 부자 아버지 때문이 아니었다. A는 자신의 성공 비결을 이렇게 설명했다.

"아버지는 내게 돈을 빌려주지 않았어. 하지만 나는 아버지로부터 성공하는 사람이 갖춰야 할 마음가짐과 태도를 배울 수 있었지."

나는 대학을 졸업하고 기자, 프리랜서, 투자컨설팅 회사 전문위원으로 일하면서 각계각층의 성공한 사람들을 많이 만났다. 처음에는 나 역시 그들이 부모의 재력이나 특별한 재능 때문에 성공했을 거라고 짐작했다. 하지만 그것은 그야말로 선입견에 불과했다. 그들은 모두 나름대로 성공할 수밖에 없는 특별한 무언가를 지니고 있었다.

'성공하는 사람이 지닌 특별한 것은 무엇인가?'

나는 궁금증을 풀고자 수첩에 기록해두었는데, 이 물음은 이 책의 집필 계기이자 밑거름이 되어주었다.

세상이 급변하고 있다. 사법고시가 폐지되고 로스쿨로 대체되면서 '개천에서 용 난다'와 같은 속담은 어느 순간 낡아빠진 말이 되어버렸다. 소위 '있는 집 자식'이 취업 시장에서마저 우대받자 '금수저', '흙수저'와 같은 신조어가 등장하였다.

이런 사회 분위기에 편승해서 출생 성분을 운명처럼 받아들이고 개인의 '노력'마저 저평가하는 사람이 늘어가고 있다. 물론, 여전히 수많은 사람이 나름의 영역에서 성공을 꿈꾸고 있다. 다만 드러내지 않은 채 묵묵히 자기 길을 걸어갈 뿐이다.

이 책은 그런 사람들을 위한 것이다.

자, 그럼 이제 한 가지 물어보자.

당신은 성공하고 싶은가?

그렇다면 성공은 어디에 있는가?

적절한 대답을 찾기 위해 주변을 두리번거려도 소용없다. 성공한 사람은 찾을 수 있을지언정 성공을 찾을 수는 없을 테니까.

당신이 찾는 성공은 당신의 마음속에 있다. 지상의 생명 있는 것들은 모두 한 톨의 씨앗에서부터 발아한다. 성공 역시 마찬가지다.

성공하고 싶다면 일단 '성공하겠다!'는 절박한 마음부터 가져야 한다. 그 마음이 씨앗처럼 단단해지면 가장 깊숙한 곳에 묻어두어라.

바람·비·햇볕 등이 식물을 키우듯, 이 책 속의 글들을 하나씩 실천해 나아가다 보면 어느 날 문득 성공한 사람의 대열에 끼어 있는 자신을 발견하게 될 것이다.

2017년

한창욱

## Chapter 3 성공을 향한 선택

## Chapter 4 성공으로의 안내

# Chapter 5 성공을 위한 충고

# GOOD HABIT

Chapter

1

# 성공을 위한
# 기본 조건

# 생각을 바꾸면 세상이 바뀐다

생각은 행동의 기본 단계다. 구체적인 행위로 표현되기 전에 반드시 요구되는 것이 생각이다.

당신은 어떤 생각을 하며 지금까지 살아왔는가?

성공한 사람은 주변에 수없이 많다. 당신 역시 성공한 사람을 부러워했으리라.

연봉이 수백 억에 이르는 스포츠 스타, 15초짜리 광고에 출연하는 대가로 몇 억씩 받는 탤런트, 집에는 현금이 쌓여 있고 주차장에는 외제 승용차를 몇 대씩 세워놓은 유명 래퍼, 회사가 코스닥에 상장되면서 하루아침에 재벌이 된 젊은 벤처기업가 등은 선망의 대상이 되기에 부족함이 없다.

만약 당신이 좀 더 현실적인 사람이라면 로스쿨을 졸업하고 자리

잡은 변호사, 장사로 수십 억을 거머쥔 사업가, 연봉으로 1억 넘게 받는 직장인을 질투와 부러움 섞인 눈으로 바라보았으리라. 어쩌면 당신은 그들의 이야기를 듣는 순간, 성공하고 싶다는 생각을 잠깐 했을지도 모른다. 그러고는 이내 일상 속으로 돌아갔으리라.

많은 이가 평생을 그렇게 살다가 죽는다. 부러움과 자조 섞인 한숨을 내쉬는 사이, 수많은 기회는 모래알처럼 당신의 손아귀를 소리 없이 빠져나간다.

그러나 극소수는 부러움과 자조 섞인 한숨 대신, '그들이 해냈다면 나도 할 수 있다!'라는 생각을 한다. 성공의 씨앗을 가슴에 품고 구체적인 행동에 들어간다. 학원에 등록하거나 독립하여 장사하기 위한 종잣돈을 모으기 시작한다.

한 분야의 전문가나 성공한 사람에게서 성공 스토리를 듣다 보면 반드시 어느 한순간이 나온다. 성공해야겠다고 마음먹는 바로 그 순간 말이다.

결혼하려고 마음먹었던 여자의 집에서 집안 형편이 안 좋다는 이유로 반대했을 때, 프로젝트를 가로챈 상사가 승승장구할 때, 아이의 수술비를 구하러 사방팔방을 헤매고 다닐 때, 옷장에서 우연히 구멍 숭숭 뚫린 아내의 속옷을 발견했을 때, 중학교를 중퇴한 동창이 외제 승용차를 몰고 동문회에 나타났을 때 등등……

동기도 다양하다. 그러나 한 가지 분명한 점은, 그 순간이 있었기에 그들이 성공할 수 있었다는 사실이다.

아무리 절박한 순간이라도 반드시 지나가게 마련이다. 하지만 완전히 사라지는 것은 아니다. 어떤 사람에게는 희미한 흔적을 남길 뿐이지만 어떤 사람에게는 영혼 깊숙이 각인된다.

성공해야 할 이유가 분명해지면 깨어 있을 때는 물론이고 무의식 중에도 성공을 향해 달려간다. 눈빛이 달라지고, 말과 행동이 바뀐다.

일찍이 아리스토텔레스가 말했다.

"시작이 반이다."

지금 당장 성공의 씨앗을 가슴에 품어라. 그러면 당신은 이미 반은 성공한 셈이다.

# 상상만 하는 사람, 상상을 현실화화는 사람

몽상가는 어느 시대나 존재한다. 그들은 그 시대의 윤활유 역할을 하기도 한다. 그러나 문제는 수많은 사람이 똑같은 꿈을 꾼다는 데 있다.

로또가 국내에서도 판매되기 시작한 뒤로, 버스나 지하철에서 눈빛이 몽롱한 사람을 흔히 접할 수 있다. 로또에 당첨되어 돈을 펑펑 쓰는 꿈이라도 꾸는 걸까.

꿈에는 두 가지가 있다. 허황한 꿈과 현실 가능한 꿈!

전자는 수많은 사람이 꾸지만 뜬구름 같다. 꿈을 이루었다는 소문만 무성할 뿐, 아무리 둘러봐도 꿈을 이룬 사람은 보이지 않는다. 후자는 레고로 쌓은 성과 같다. 게으른 사람은 평생을 발버둥 쳐도 이룰 수 없다.

그런데 한 가지 놀라운 점은 성공하는 사람은 허황한 꿈을 꾸지 않는다는 사실이다. 그들은 자신의 '운'이 그런 쪽으로 발산되는 것을 원하지 않는다. 성공은 열정의 집합체. 현실 가능한 꿈을 꾸는 사람들은 비록 미세한 기운일지라도 자신의 열정이 엉뚱한 곳에서 소모되는 것을 원하지 않는다.

허황한 꿈을 꾸는 사람들이 가장 많이 모여 있는 곳은 감옥이다. 남들이 평생을 바쳐 모은 것을 단숨에 이루려다 보니 편법을 동원할 수밖에 없었던 이들……. 그 죄수들을 생각하자면 못내 아쉽다. 그들 중에는 머리가 비상한 사람이 의외로 많다. 만약 그들이 허황한 꿈을 꾸지 않고 현실적인 꿈을 꾸었더라면 언젠가는 반드시 성공했을 것이다.

반면, 성공한 이들 중에는 의외로 머리가 좋지 않은 사람이 많다. 나는 사실 그런 사람을 더 존경한다. 좋지 않은 머리로 성공하려니, 육신이 얼마나 고달팠겠는가. 경쟁자가 밤잠을 자는 시간에 날밤을 꼬박 샜음은 불 보듯 자명하다.

상상만 하며 한 번뿐인 인생을 허비할 것인가, 상상을 현실화해서 당당하게 살 것인가?

그 해답은 당신의 마음속에 있다.

마음은 무궁무진한 비밀 창고다. 그 창고 속에 들어 있지 않은 것은 이 세상에 아무것도 없다. 그 속에서 대통령도 나왔고, 농구 황제나 골프 황제도 나왔고, 세계적인 배우도 나왔고, 벤처기업가도 나왔고, 베스트셀러 작가도 나왔고, 자신의 재산이 얼마인지조차 잘 모르는 재벌도 나왔다.

자동차도 나왔고, 비행기도 나왔고, 인공위성도 나왔고, 핵무기도 나왔고, 스마트폰도 나왔고, 인공지능 로봇도 나왔다.

아버지가 부자가 아니라고 해서 투덜대지 마라. 배운 것도 없고 가진 것도 없다고 해서 낙담하지 마라. 당신은 이미 훌륭한 창고를 갖고 있다. 그 창고 속에서 무엇을 끄집어낼 것인가는 오로지 당신의 선택에 달려 있다.

# 03

## 신념에 동기를 부여하라

●

당신은 성공할 자질을 가지고 있는가?

이제 당신은 성공이라는 회사에 입사하려는 수험생이다. 여기서 잠깐 시험을 쳐보자. 이것은 당신의 인생에서 대단히 중요한 시험이다. 아래 빈칸을 진지하게 채워보자. 단, 답은 연필로 적기 바란다.

① 당신이 꿈을 이룰 가능성은 몇 퍼센트라고 예상하는가(대답하기 전에 한 가지 사실을 명심하라, 퍼센트가 높아질수록 당신이 허풍쟁이일 가능성 또한 높아진다는 사실을)?

② 왜 성공하려고 하는가? 30자 이내로 적으라.

_____

_____

_____

③ 당신이 성공할 수밖에 없는 이유를 세 가지 적으라.

_____

_____

_____

④ 가장 혐오하는 사람을 떠올려보자. 당신이 성공하려면 그 사람의 도움이 절실하다. 당신은 그 사람을 찾아가서 도와달라 무릎 꿇고 애원할 용기가 있는가?

_____

_____

⑤ 10년 넘게 공부했지만 당신의 영어 실력은 형편없다. 그러나 성공하기 위해 영어 회화는 반드시 필요하다. 당신은 1년 안에 중급 이상의 회화 실력을 갖출 자신이 있는가?

_____

⑥ 성공하는 데에서 운과 노력의 비율은 몇 퍼센트라고 생각하는가?

_____

⑦ 자, 이제 당신은 성공한 사람이다. 당신이 성공하도록 음으로 양으로 도움을 준 사람을 다섯 명만 적어보라(단, 가족이나 친지는 제외).

⑧ 만약 당신이 실패한다면 그 이유는 무엇일까? 그 이유를 찾아 세 가지만 적으라.

이제 시험은 끝났다.

가장 현명한 채점관은 바로 당신이다. 당신이 적은 답에 대한 점수 또한 당신이 알 것이다. 매월 말일에 점수를 매겨보라. 점수는 매달 변할 것이다.

신념은 성공으로 가는 훌륭한 가이드다.

①번 문제에 퍼센트를 높이 책정한 사람일수록 다음 문제들을 푸는 데 신중을 기했을 것이다.

이것이 바로 마음의 비밀이다. 성공하겠다고 굳게 마음먹으면 잠재의식이 깨어나고, 모든 기관이 힘을 합쳐서 놀라운 에너지를 발산한다. 촘촘하게 그물을 짜서 성공이 빠져나가지 못하도록 하는 것이다.

아직도 많은 사람이 이렇게 생각한다.

'열심히 살다 보면 성공도 하고 그러겠지.'

날아가는 새를 향해서 열심히 돌팔매질을 해보라. 새가 돌에 맞아 떨어지는가. 반드시 새를 잡아야겠다는 사람과 '잡아도 그만, 못 잡아도 그만'이라고 생각하는 사람 중 과연 누가 새를 잡겠는가?

성공하고 싶은가? 그렇다면 반드시 성공하겠다는 신념을 가져라.

신념을 좀 더 확고히 하는 방법에는 여러 가지가 있다. 그중 하나가 바로 동기부여다.

신념을 콘크리트라고 한다면 동기는 철근이다. 콘크리트로 지은 집은 무너질 수 있지만 철근 콘크리트로 지은 집은 좀처럼 무너지지 않는다.

성공해야만 하는 이유! 지금 당장 그것을 찾아라.

# 일찍 시작하는 사람이 일찍 성공한다

세상에는 두 종류의 사람이 있다. 생각은 많은데 행동하지 않는 사람과 생각이 채 완성되기도 전에 행동하는 사람.

당신은 햄릿형인가, 돈키호테형인가?

물론 가장 좋은 건 절충형이다. 생각은 신중하게, 행동은 과감하게!

성공한 사람들에는 절충형이 가장 많다. 그다음으로는 돈키호테형이고, 햄릿형은 주로 예술 계통이 많다.

독사가 자기 본능에 가장 충실할 때는 고개를 치켜들 때다. 고개를 꼿꼿이 치켜든다는 것은 공격하겠다는 의미다. 맹독을 몸에 지니고 있더라도 고개를 치켜들지 못하는 뱀은 지푸라기와 다를 바 없다. 그와 마찬가지로 성공에 대한 완벽한 프로젝트를 지니고 있더라도 시작하지 않으면 성공할 수 없다.

부모 잃은 사자 새끼나 치타 새끼를 데려와 오랫동안 우리에서 키우다가 풀어주면 대부분 우리로 되돌아온다. 그래서 야생동물 보호협회는 밀림과 비슷한 공간을 조성해놓고, 그곳에서 일정한 적응 기간을 거치게 한다. 그런 다음 비로소 야생 영역으로 돌려보낸다.

인간도 이런 면에서 보면 야생동물과 흡사하다. 직장생활을 했던 기간이 길면 길수록 변화를 두려워한다. 그래서 대기업에서는 퇴직을 앞둔 직원들을 대상으로 새로운 사회생활에 적응할 수 있도록 재교육을 시킨다.

직장에서 상사가 시키는 일만 하다 보면 조직 내에서는 잘 적응하지만 외부 세계에서의 생존 능력은 현저히 떨어진다. 미지의 세계에 대한 두려움이 있는 데다 자신의 능력을 내심 불신하고 있기 때문이다.

성공한 사람들에게 성공할 줄 알았느냐고 물어보면 열에 아홉은 "그렇다"라고 대답한다. 어떤 일이든지 자신감을 갖고 달려드는 사람과 불안감 속에서 마지못해 하는 사람과는 큰 차이가 있다.

당신의 잠재력을 믿어라. 모든 인간에게는 잠재력이 있다. 인간은 누구나 수많은 세월에 걸쳐 진화된 유전자를 몸 안에 지니고 있다. 즉, 마술 램프 속 지니와 같은 거인이 우리 안에 살아 숨 쉬고 있는 것이다.

살아가면서 그 능력을 캐내어 십분 발휘하는 사람이 있는가 하면, 그 능력을 의심하거나 불신하여 꺼내보지조차 않는 사람도 있다.

일단 자신의 능력을 믿어라. '나는 성공할 수 있다'라고 굳게 마음먹으면 비로소 성공의 길이 보인다.

당신은 알고 있다, '일찍 일어나는 새가 모이를 먹는다'는 사실을. 그와 마찬가지로 일찍 시작하는 사람이 일찍 성공한다.

성공의 씨앗을 가슴에 품고 있는가?

반드시 성공해야 할 이유가 있는가?

그렇다면 더 이상 두리번거리지 말고, 다른 사람 눈치 따위는 보지 말고 지금 당장 성공을 위한 첫걸음을 떼어라. 구체적인 행동으로 들어가라. 보완해야 할 점은 보완하고, 필요한 공부라면 일단 시작하라. 친구, 애인 등과 시시덕거리고 있을 시간이 없다. 당신의 경쟁자는 이미 저만큼 앞서가고 있다.

인생은 마라톤과 흡사하다.

연습할 때 경기장에 가보라. 한쪽에서 동료들과 웃으며 장난치는 선수가 있는 반면, 고통을 참으며 이를 악물고 달리는 선수도 있다.

하지만 막상 시합 때는 어떠한가? 연습 때 웃던 선수는 오만 가지 인상을 쓰며 달리지만 처절한 패배를 맛보고, 연습 때 고통스러워했던 선수는 웃으며 달리지만 황홀한 승리를 맛본다.

누가 진정한 승리자인가?

## 감각을 길러라

"갑자기 왜 그 일을 시작했나요?"

"그 시절이면 한창 사업이 번창할 때인데 왜 접었나요?"

성공한 사람들을 취재할 때 자주 던졌던 질문이다. 무슨 일이든 시작하거나 끝낼 때는 나름대로 이유가 있게 마련이다. 그러나 정확한 답을 해주는 사람은 거의 없었다.

대부분 이렇게 대답한다.

"운이 좋았어요."

"감이죠, 뭐."

정말 그들은 운이 좋았고, 감이 좋았던 걸까?

나는 처음에는 겸손에서 나온 말이라고 생각했다. 그러다 어느 날 문득, 그 말들이 사실임을 깨달았다.

불운한 사람이 성공한 케이스를 본 적 있는가? 성공하려면 운이 좋아야 하고, 동물적 감각을 지니고 있어야 한다.

당연한 이야기 같지만 절대 당연하지 않다. 얼핏 생각하면 성공하는 사람들은 타고나는 걸로 오인할 수도 있다. 결과만 놓고 보면 그렇다. 그러나 그 과정을 면밀히 들여다보면 그렇게 단순하지 않다. 그들은 부단한 노력으로 기회를 놓지지 않았고, 행운을 자신의 것으로 만들었으며, 정확한 형세 판단을 할 수 있는 감각을 길러왔다.

어떻게?

비결은 바로 '정보'다.

초등학교 중퇴자이든 세계적인 박사이든 간에 그들은 자신이 성공한 분야에서만큼은 박학다식하다.

성공하겠다는 의지와 열정은 그 분야에 대한 관심으로 표출됐고, 관심은 정보 확보로 이어졌고, 그 과정에서 새로운 인맥을 쌓았다. 이러한 제반 여건들이 합쳐져서 행운을 불러왔고, 생생하고 다양한 정보는 정확한 판단을 내릴 수 있는 밑거름이 되었다.

사회적으로 왕성하게 활동하는 사람일수록 항상 무언가를 꾸준히 읽거나 사람들과의 만남을 즐긴다. 정보를 얻으려는 의식적 행동이라기보다는 몸에 밴 일종의 습관이다. 그들은 습관적으로 각계 각처에서 다양한 정보를 얻는다.

새로움을 창조해내는 예술가, 과학자라고 해서 예외는 아니다. 그들은 외곬수가 많아서 정보를 등한시할 것 같지만 그렇지 않다. 신선한 아이디어는 하늘에서 뚝 떨어지는 것이 아니라 다양한 정보를 얻는 과정에서 생성된다.

창조에는 두 가지가 있다. 세상에 없는 것을 만들어내는 발명 (invention) 그리고 기존에 있던 것을 바꿔서 새롭게 하는 혁신 (innovation). 발명이 혁신으로 이어지기도 하지만 혁신해 나아가는 과정에서 발명하기도 한다.

현대는 융합과 복합의 시대다. 비슷한 정보 혹은 서로 다른 정보와 정보가 합쳐져서 시너지 효과를 내는 것이 바로 융·복합이다.

명문가에서는 온 가족이 함께 식사하고, 두 가지 이상의 신문과 각종 경제지를 구독한다. 그 이유는 단지 삶이 여유롭기 때문만은 아니다. 그 속에는 깊은 뜻이 숨어 있다. 부모는 식탁에서 갖가지 정보를 전함으로써 자연스럽게 자신의 운을 자식에게 넘겨준다. 또한 자신이 겪은 여러 상황과 대처 방안을 들려주며 성공에 필요한 감각을 길러준다.

성공하려면 일찍부터 관심 분야에 대한 정보를 모으며 감각을 기를 필요가 있다. 좋은 부모 밑에서 태어났다면 그분들에게 다가가서 지혜와 정보를 얻어라. 만약 부모가 사회적으로 무능력하다면 양질의 정보를 얻기 위한 남다른 노력을 해야만 성공할 수 있다.

# 목표는 매주, 매월마다 수정하라

여행을 갈 때 반드시 필요한 물건 중 하나가 바로 지도다. 지도를 잘 보고 계획을 짜면 여행이 한층 즐겁다.

지도에는 여러 종류가 있다. 전국을 한눈에 파악 가능한 지도가 있고, 일부 지방 혹은 한 구역만 확대해놓은 지도도 있다. 오랫동안 여행을 할 때는 여러 종의 지도가 필요하다.

성공으로 가는 길도 여행과 비슷하다. 성공을 위한 플랜을 짜면 남들보다 빠르게 목적지에 도착할 수 있다. 플랜을 짤 때는 단기 목표, 중기 목표, 장기 목표로 세분화하는 것이 좋다.

첫술에 배부를 수는 없다. 꾸준히 목표를 향해서 걸어가야 한다. 걷는 동안에는 자주 방향을 확인해야 한다. 내가 지금 제대로 가고 있는지, 엉뚱하게 샛길로 빠진 것은 아닌지, 지름길은 없는지 살펴야 한다.

단기 목표는 가급적 세밀하게 짜는 게 좋다. 단기 목표는 일종의 벽돌이다. 그 벽돌이 차곡차곡 쌓여서 성공이라는 집을 이룬다. 그러므로 단기 목표는 반드시 실현 가능한 것으로 잡아야 한다.

단기 목표를 이뤄야만 중기 목표를 이룰 수 있고, 중기 목표를 이뤄야만 장기 목표를 이룰 수 있다. 벽돌이 쌓여서 벽을 이루고, 여러 면의 벽과 천장이 모여야 비로소 집 한 채가 완성된다.

목표는 매주 체크하는 게 좋다. 처음에 세운 목표 그대로 꿈을 이루는 경우는 많지 않다. 세상은 늘 변화하기 때문에 목표도 수시로 점검하고 수정할 필요가 있다.

변동 사항이 있거나 비현실적이면 곧바로 수정하라. 월말에는 그 달의 성적을 매기고 다음 달 목표를 잡아라.

여러 이유로 변동 사항이 생겼음에도 방치해두는 것보다 더 나쁜 것은 없다. 그것은 마치 지도를 보지 않고 길을 가는 것과 같다. 열에 아홉은 샛길로 빠지게 마련이고 원래 자리로 돌아오는 데까지 많은 시간이 소요된다.

주변에 보면 계획을 자주 세우는 사람이 있다. 그 사람은 일이나 공부는 안 하고 계획표만 짜는 것처럼 보인다. 그러나 이런 사람이 성공한다. 틀린 계획표를 다시 짜다 보면 자신의 생활을 돌아보게 되고 반성하게 된다.

성공이라는 목적지를 향해 나아가자면 몇 번의 시행착오는 반드시 거치게 되어 있다. 어리석은 자는 다람쥐 쳇바퀴 돌듯이 시행착오를 반복하지만 현명한 자는 똑같은 시행착오를 반복하지 않는다.

계획을 세웠으면 지금 당장 종이와 펜을 들어라.

마음을 차분히 가라앉히고 당신이 원하는 것을 당신의 나이만큼 적어라. 고급 주택도 좋고 외제 승용차도 좋다. 가족과 함께 외국 여행을 떠나는 것도 좋다.

다 적었으면 매일 아침 그것을 들여다보라. 굶주린 가운데 맛있는 음식을 보면 입안에 침이 고이듯, 성공에 굶주려 있다면 읽을 때마다 반드시 성공해야겠다는 생각이 들 것이다. 그런 생각들이 당신에게 기발한 아이디어를 안겨줄 것이다.

# 시간은 모두에게 공평히 주어지지 않는다

몇 해 전까지 로펌에서 일하다가 독립해서 변호사 사무실을 차린 친구와 점심 약속이 있었다. 약속 시간보다 일찍 도착했지만 친구 사무실로 무작정 쳐들어갔다.

"어? 일찍 왔네. 앉아서 차나 한잔해라."

친구는 두툼한 서류를 넘기면서 미소를 지었다.

소파에 앉아 있으니 심심했다. 뭘 저렇게 열심히 하나 싶어서 여기저기 기웃거리다가 컴퓨터 모니터에 시선이 닿았다. 화면에는 친구의 스케줄관리 프로그램이 떠 있었다. 별 생각 없이 프로그램을 들여다보는데 입이 쩍 벌어졌다.

친구는 놀랍게도 30건이 넘는 소송을 맡고 있었다. 경기 침체와 변호사 수 증가로 법률 시장이 불황이라는 말이 무색할 지경이었다.

스케줄 표를 보니 한 시간 동안 처리해야 할 일도 여러 건이었다. 그러나 친구는 간간이 나와 대화를 나누면서도 그 일들을 능수능란하게 처리했다. 식당에서 점심을 먹으면서도 친구는 자잘한 몇 가지 일을 처리했다. 두 시간 가까이 함께했는데 그는 단 한 번도 바쁘다고 투덜거리지 않았다.

오후에는 차장 승급 시험에서 번번이 떨어져 만년 과장으로 있는 친구를 커피숍에서 만났다. 그는 자리에 앉자마자 바쁘다고 투덜댔고, 일이 너무 많다고 하소연을 했다.

"때려치우든지 해야지! 아, 어제도 부장한테 붙잡혀 삼 차까지 했다니까."

친구는 나와 함께 있는 동안에도 카톡은 물론 페이스북을 눈으로 훑으며 '좋아요'를 누르거나 댓글 달기에 바빴다. 그러다 퇴근 시간이 다 되어서야 일어났다.

"이제야 좀 숙취가 깨네! 오늘도 또 꼼짝없이 야근하게 생겼다."

그들은 같은 하늘 아래에서 같은 하루를 보내고 있었다. 하지만 시간을 보내는 방식은 완전히 달랐다.

시간이 모든 사람에게 똑같이 주어진다고 생각하는가?

천만에! 절대 그렇지 않다. 어떤 사람에게는 열두 시간 같은 스물네 시간이 주어지고, 어떤 사람에게는 마흔여덟 시간 같은 스물네 시간이 주어진다.

시간은 관리하기 나름이다. 시간을 늘리는 것은 열정이다. 일에 대한 열정은 놀라운 집중력을 발휘하게 하고, 집중력은 짧은 시간 내에 일을 끝마치게 한다. 남들이 종일 해도 못 끝내는 일을 단 한 시간 만에 끝내기도 한다.

일 잘하는 사람은 자신만의 시간관리 노하우가 있다. 그 노하우는 성공을 향한 열정이 낳은 부산물이다.

일 못 하는 사람은 시간을 허비하는 데 자신만의 노하우가 있다. 그는 일을 가장 적게 하면서 하루를 보내는 방법을 잘 알고 있다. 한 달을 마치 일주일처럼 사용하는 방법을 몸으로 터득하고 있다.

당신은 꿈을 갖고 있는가?

꿈이 없다면 열두 시간 같은 하루를 보내고 있는 중이다. 고장 난 수도꼭지에서 물이 새듯 시간이 줄줄 새고 있지만 아까운 줄도 모른다. 이러니 일에 대한 열정 같은 게 있을 리 없다. 상사 눈치만 보다가 부하 직원에게 일을 떠넘기거나 대충 해치운다.

'대충'에 물들어 있다면 성공 가능성은 제로다. 만약 자영업자 혹은 프리랜서라면 미래는 불 보듯 뻔하다.

어떤 분야든 성공하고 싶다면 일에 대한 남다른 열정이 있어야 한다. 열정은 일을 효율적으로 해치우는 방법을 찾아내고, 업무 집중력을 높여준다. 이런 사람들만이 하루 스물네 시간을 마흔여덟 시간처럼 사용한다.

동료나 상사, 혹은 주변 사람들에게서 이런 말을 들어야만 비로소 성공할 수 있다.

"대체 이 많은 일을 어떻게 그 짧은 시간에 해냈어?"

# 초기 자금을 마련하라

같은 대학, 같은 과를 나온 네 친구가 있었다. 이들은 자주 만나 술을 마셨고, 술만 마시면 함께 회사를 차리자고 입버릇처럼 말했다.

세월은 흘렀고, 어느 날 한 친구가 괜찮은 프로그램을 개발했다. 그는 세 친구를 불러내 사업을 시작하자 제의했고, 모두 찬성했다. 그러나 막상 회사를 차렸을 때는 넷이 아닌 셋이었다. 한 친구가 초기 자금 3천만 원을 마련하지 못해서 동참하지 못한 것이다.

그 친구는 회사에 남았고, 사표를 쓰고 사업을 시작한 세 친구는 어려운 시기도 겪었지만 이내 자리를 잡았다. 9천만 원으로 시작한 회사는 2년 만에 90억 원의 가치가 있는 기업으로 성장했다.

혼자 남은 친구는 뒤늦게 땅을 치고 후회했다. 그러나 이미 기차는 떠난 뒤였다. 그들과 합류하기 위해서는 이제는 3천만 원이 아닌 3

억 원을 출자한다 해도 부족했다.

경제에 조금만 관심이 있다면, 2천만 원을 들여 전세 낀 아파트를 사기 시작해서 몇 년 만에 몇 억을 벌었다는 이야기를 한 번쯤은 들었으리라. 부동산 시장이 호황이었을 때는 말할 것도 없고, 한풀 꺾였다는 근래에도 '갭 투자'를 해서 적잖은 수익을 올린 사람이 상당수다.

생각하기에 따라 2, 3억 원도 사업하기에는 어중간한 돈이다. 하지만 잘 찾아보면 2, 3천만 원으로도 할 수 있는 사업들이 있다.

돈을 벌려면 초기 자금이 반드시 필요하다. 직장을 그만두고 의전원이나 로스쿨을 준비하려고 해도 자금이 필요한 게 현실이다.

반드시 성공하겠노라 마음먹었고, 구체적인 플랜을 짰다면 초기 자금을 마련하라. 자금이 있어야만 비상할 기회를 붙잡을 수 있다.

그렇다면 어떻게 돈을 모을 것인가?

현재의 월급으로는 현상 유지도 어려운데 어떻게 돈을 모을까?

돈을 모으려면 일단 돈에 대한 의식부터 바꿔야 한다.

모아야겠다는 의식이 없을 때의 돈은 물과 같다. 월급을 타도 며칠 지나면 어디로 사라졌는지 흔적조차 찾을 수 없다. 모아야겠다는 의식을 갖기 시작하면 돈은 모래가 된다. 알게 모르게 새기 시작하고, 새는 것을 눈으로 확인할 때는 가슴이 아프다. 반드시 모아야겠다는 결심을 하면 비로소 돈은 자갈이 된다. 손아귀를 벌리지 않는 한 절대로 잃어버릴 염려가 없다.

짧은 시간 내 자금을 모으고 싶다면 돈을 자갈로 만들어야 한다. 그러기 위해서는 돈 쓰는 습관을 송두리째 바꿔야 한다.

한국의 사채 시장을 좌지우지하는 인물에게 돈 모으는 비법을 물은 적이 있다. 그가 귀띔해준 비법은 세 가지다.

**첫째, 돈은 뭉칫돈으로 모아라.** 돈은 한 번 흩어지기 시작하면 쉽게 공중분해되는 경향이 있다. 들어온 돈은 손도 대지 말고 고스란히 모아라.

**둘째, 생활비는 보너스 같은 가욋돈으로 사용해라.** 만약 그것으로 부족하다면 새로운 일을 시작하라. 택배 상하차를 하든 카페에서 아르바이트를 하든 번역을 하든 수단껏 돈을 벌어라.

**셋째, 사고 싶은 물건은 최대한 미뤄라.** 일주일 뒤로 미루고, 한 달 뒤로 미루고, 내년으로 미뤄라. 그러다 보면 언젠가는 나에게 반드시 필요한 물건이 아니었음을 깨닫게 될 것이다.

# 커리어를 쌓을 수 있는 길을 택하라

기술과 과학의 진보가 워낙 빨라서 전문가들조차도 미래를 예측하기가 쉽지 않다.

정보통신기술(ICT)의 융합으로 이루어지는 차세대 산업혁명, 즉 4차 산업혁명 시대를 앞두고 있는 요즘이다. 산업 전반에 걸쳐 재편이 이루어지다 보니 굴뚝 산업의 구조조정 또한 불가피하다.

몇 차례의 금융 위기 이후 경기 불황과 고용 불안정은 한국 사회에 공무원 열풍을 불러왔다. 대기업과 중소기업의 임금 격차, 공무원의 개선된 임금과 정년 보장, 비정규직 일자리의 증가, 사기업보다 상대적 우위에 있는 워라벨(Work and Life Balance, 일과 삶의 균형) 등등이 공무원 열풍을 불러온 주요 요인이다.

공무원 다음으로 인기 있는 것이 공기업이다. 연봉도 대기업 못지 않고, 정년이 보장되고, 사기업에 비해 업무 강도도 낮은 데다 워라밸이 괜찮다.

그다음으로 인기 있는 것은 외국계 기업이다. 연봉은 전체적으로 대기업과 비슷한 수준인데 수평적 조직 문화와 워라밸이 좋아서 '저녁이 있는 삶과 긴 휴가'를 즐길 수 있다는 장점이 부각된다.

대기업을 공무원보다 우선순위에 두는 사람도 있지만 전반적으로는 외국계 기업과 비슷한 위치에 놓는다. 그다음으로는 중견 기업, 벤처기업과 중소기업 순이다.

유능한 인재들이 안정적인 삶을 추구하는 분위기이다 보니 국가 경쟁력을 우려하는 사람들도 적지 않다. 그들의 걱정도 일리는 있다. 한창 커리어를 쌓아야 할 나이에 언제 붙게 될지도 모르는 '과열된 시험' 준비를 하느라 몇 년씩 처박혀 있는 건 분명 국가적 손실이다. 몇 년이 걸리더라도 합격하면 다행이지만 포기한 사람은 다시 취업 시장에 뛰어들어야 한다. 경력도 없고 나이만 많은 사람을 누가 선뜻 채용하려고 하겠는가.

안정적인 삶을 추구하는 것은 인간의 본성이다. 사회 분위기가 어수선한 데다 제반 여건이 갖춰지지 않았는데 젊은이들에게 도전 정신만을 강요하는 건 모순이다.

공무원 시험을 준비하고 있는 젊은이들에게 굳이 개인 사업을 해 보라거나 벤처기업을 가라 권하고 싶지는 않다. 그들의 인생은 그 시대를 살아가야 할 그들의 몫이기 때문이다. 중국처럼 사회 전반에 걸쳐 벤처 열풍이 불면 한국의 젊은이인들 왜 외면하겠는가.

취업 사이트에 보면 'VS'가 종종 보인다. 두 개나 세 개의 회사, 혹은 다른 직종 중에서 어느 것을 선택하는 게 좋겠느냐는 질문이다. 나는 이런 경우 커리어를 쌓을 수 있는 쪽을 선택하는 게 좋지 않겠느냐고 넌지시 권한다.

영원히 지속되는 것은 없다. 지금은 경기가 불황이다 보니 공무원이나 공기업이 매력적이겠지만 호황으로 바뀌면 후회할 수도 있다. '내가 왜 따분하게 이런 직업을 선택했을까?' 하고……

성공적인 삶을 살고 싶다면 젊어서부터 꾸준히 커리어를 쌓을 수 있는 직업을 선택하는 게 좋다. 당신의 꿈과 비슷한 길에 놓여 있는 커리어라면 금상첨화다.

작가 중에는 기자 출신이 많다. 헤밍웨이와 조지 오웰, 《쿠오 바디스》를 쓴 헨리크 시엔키에비치도 기자 출신이다. 한국에도 이문열, 김훈을 비롯해서 수많은 기자 출신 작가들이 있다. 기자를 하다가 작가가 된 경우도 있지만 처음부터 작가를 염두에 두고 기자라는 직업 세계에 뛰어든 경우도 적지 않다.

성공하고 싶다면 안목을 넓힐 필요가 있다. 안정적인 직업을 일순위에 두기보다는 다소 불안정하더라도 커리어를 쌓아서 꿈을 이룰 수 있는 직업을 선택하라. 훗날 사업가로 꿈을 펼쳐보고 싶다면 영업직으로 사회에 첫발을 내딛는 것도 나쁘지 않다.

물론 책상이나 교실에서도 배울 수 있다. 그러나 현장에 뛰어들면 여러 측면에서 훨씬 더 많은 것을 배울 수 있다.

## 미래를 향해 계속 전진하라

성공은 주문하면 곧 나오는 피자가 아니다.

성공이란 미로 찾기와 흡사하다. 확신을 갖고서 꾸준히 앞으로 나아가지 않으면 절대 상황이 바뀌지 않는다. '성공의 성'으로 들어가기를 원하는 사람은 많다. 하지만 그 안으로 들어가는 사람이 많지 않은 까닭은 이내 제풀에 지쳐 포기해버리기 때문이다.

미로에서 빠져나와 성공의 성으로 들어가려면 몇 가지 조건이 맞아떨어져야 한다.

**첫째, 확신이 있어야 한다.** 자신에 대한 믿음과 성공에 대한 확신이 있어야만 수많은 난관을 헤쳐 나아갈 수 있다.

**둘째, 꾸준해야 한다.** 초반에는 열심히 공을 들여도 진전이 없는 경우가 허다하다. 답이 보이지 않는다고 포기해버리면 영원히 미로 속을 헤매야 한다.

**셋째, 마음의 여유를 지녀야 한다.** 일이 계획대로 풀리지 않을 때는 초조해하기보다는 한 발짝 떨어져서 제삼자의 눈으로 관찰할 필요가 있다. 그래야만 문제점을 찾아내고 개선해갈 수 있다.

목표를 세우고 일을 추진하다 보면 크고 작은 성공을 거두게 된다. 그런데 많은 사람이 작은 성공에 도취되어 안주해버리고 만다.

지금 머물고 있는 그 자리가 썩 괜찮은 자리일지라도 안주해서는 안 된다. 세상은 빠르게 변화하고 있다. 지금 누리고 있는 모든 것이 영원히 계속될 것 같지만 실제로 그 영광이 얼마나 가겠는가.

삼성이 세계적 기업으로 성장할 수 있었던 힘의 원천은 '미래에 대한 끊임없는 투자'에 있다. 한창 잘나갈 때 미래를 준비하지 않고 승리에 도취해 있던 기업들은 모두 역사의 저편으로 사라져갔다. 이러한 한국 기업의 변천사를 가까이서 체험한 그룹 수뇌부는 그 부정적 사례들을 반면교사 삼아 철저히 대비한 것이다.

비단 한국의 기업만 그러하겠는가. 코닥, 노키아, GM 등을 비롯해서 거대한 공룡들마저 세월의 변화에 적응하지 못하고, 봄날에 흩날리는 벚꽃처럼 허망하게 사라져갔다.

개인 또한 기업과 별반 다르지 않다. 미래에 투자하지 않는 사람은 반드시 도태된다. 우리가 사는 세상은 인과법칙이 비교적 정확한 곳이다. '콩 심은 데 콩 나고, 팥 심은 데 팥 난다'고 하지 않는가. 무심코 시간을 흘려보낸 사람은 훗날 '시간의 보복'을 당하게 된다.

한국 사회는 경기 불황으로 인해 취업 장벽이 점점 높아지면서, '노력'의 가치마저 경시되는 경향이 나타나고 있다. 그러나 '성공의 성'으로 가는 데는 꾸준함만큼 좋은 비결은 없다.

비록 남들 눈에는 아둔해 보일지라도 한 발, 한 발 앞으로 나아가라. 짙은 안개가 끼어서 한 치 앞이 안 보일지라도, 폭풍우로 인해 숨쉬기조차 힘들지라도 쉬지 말고 전진하라. 걷고 걷다 보면 머잖아 성에 도달할 것이다.

세상은 바뀌었다고 해도 여전히 수단과 방법을 가리지 않고 성공의 성으로 들어가는 사람들이 있다. 그들은 대개 후문으로 몰래 들어가거나 타인의 시선을 피해 담을 타 넘는다. 꾸준히 한길을 걸어왔다면 어깨를 펴고 당당하게 정문으로 들어가라. 비록 똑같이 성공의 성에 진입했을지라도 당신의 인생은 그들의 인생보다 훨씬 더 가치 있고 아름답다.

성공한 자에게는 수많은 보상이 주어진다. 그동안 흘린 땀방울과 남몰래 흘린 눈물을 잊기에 충분할 정도로!

## 심리적인 장애물을 뛰어넘어라

명문대를 졸업한 K는 대기업 부장이다. 그는 말단 사원이었을 때부터 군대 문화의 잔재가 남아 있는 조직생활에 회의를 품었다.

'나하고 맞는 구석이 하나도 없네. 한시라도 빨리 탈출하는 게 내가 살길이야!'

K는 틈만 나면 자기계발 그리고 창업 관련 서적을 읽으면서 독립을 꿈꾸었다. 그러나 그보다 늦게 창업 준비를 시작한 친구들이 독립해서 나간 뒤에도 그는 여전히 회사에 남았다. 돌아보니 나이도 어느새 40대 중반이었다.

"막상 사표를 내려고 하면 눈앞이 깜깜해지고 손이 떨려요. 도대체 왜 그런 걸까요?"

아무리 생각해도 자신을 도무지 이해할 수 없다고 했다.

마침 시간도 비어 있고 해서 그와 맥주를 마시며 오랜 시간 이런저런 이야기를 나누었다. 그의 성장기까지 모두 듣고 나서야 그가 심리적 장애물에 가로막혀 있음을 간파했다.

K의 아버지는 제과업을 했다. 일곱 살 때 아버지의 회사가 부도났고, 사업 실패가 불러온 재앙을 그는 생생하게 기억하고 있었다. 사라진 아버지, 빚쟁이에 시달리던 어머니, 밤낮으로 걸려오던 협박 전화……

그는 특히 빨간딱지를 잊지 못했다. 법원에서 나온 집달관이 가재도구는 물론이고 자신의 책장과 책상에까지 빨간딱지를 붙였다. 생일날 아버지가 사준 자전거에까지 빨간딱지를 붙이던 장면을 설명할 때, 그의 입술은 창백하게 질렸고 눈동자는 공포로 가득 찼다.

그로부터 며칠 뒤, 정신과 의사와 함께한 술자리에 그를 불러내서 자연스럽게 소개해주었다.

K는 정신과 의사에게 3개월 남짓 치료를 받았고, 그로부터 얼마 뒤 퇴사했다. 30대 초반부터 여러 사업을 구상했던 그는 기능성 의류 원단 사업에 뛰어들었다. 워낙 성격이 활달하고 대인관계에 능해서인지 현재 큰 어려움 없이 회사를 키워나가고 있다.

사업하기에 좋은 조건을 갖추었음에도 주저하는 사람들 가운데는 K처럼 심리적 장애물에 가로막혀 있는 이가 의외로 많다.

어렸을 때 아버지가 "너 같은 의지 박약아가 대체 뭘 하겠어? 네가 성공하면 내 손에 장을 지진다!" 하고 홧김에 던진 말 한마디에 20년 넘게 사로잡혀 있는 사람도 있고, "분수를 알아, 이놈아! 뱁새가 황새 쫓아가다가는 가랑이가 찢어지는 법이야!" 하던 학교 선생님의 말씀에 30년 넘게 사로잡혀 있는 사람도 있다.

이런 사람은 성공 여정길로 발걸음을 내딛기 전에 먼저 심리적 장애물부터 제거해야 한다. 정신과 의사를 찾아도 좋고, 매일 30분씩 편안한 자세에서 눈을 감고 명상을 해도 좋다. 원인만 찾아낸다면 극복하는 것은 그리 어렵지 않다.

심리적 장애는 없는 것을 있다고 생각하는 착각에서 비롯된다. 따라서 그것이 착각이었음을 깨달으면 문제는 저절로 해결된다.

마음이라는 것은 복잡한 듯하면서도 단순하다.

# 긍정적인 사고방식을 지녀라

성공하는 사람들은 모두 긍정적인 사고방식을 가지고 있다. 이러한 사고는 성공을 위해서뿐만 아니라 삶을 살아가는 데에서도 대단히 중요하다.

똑같은 일을 놓고도 어떤 사람은 '세 가지밖에 안 남았네'라고 생각하고, 어떤 사람은 '아직도 세 가지나 남았네'라고 생각한다. 별것 아닌 듯하지만 둘 사이에는 뛰어넘을 수 없는 차이가 존재한다.

기업 총수나 중역 대다수가 긍정적인 사고방식을 지니고 있다. 부정적인 사고방식으로는 산적해 있는 일들을 한정된 시간 안에 처리해낼 수 없기 때문이다.

긍정적인 사고방식은 진취적인 사고방식과도 통한다. 벽에 부딪혔을지라도 긍정적으로 생각할 줄 알아야만 미래를 향해 거침없이 나아갈 수 있다.

좋은 상사는 한 번 실수한 직원에게 일을 맡길 때 '지난번에 실패했으니 이번 일은 멋지게 해낼 거야'라고 긍정적으로 생각한다. 긍정의 시점으로 단점보다는 장점을 보려고 노력한다.

반면, 모자란 상사는 '지난번에 실패했으니 이번에도 실패할 거야!'라고 생각한다. 그러다 보니 자신의 기대를 충족시키는 몇 사람만 편애한다.

직원에 대한 믿음이 부족한 조직은 성과를 제대로 창출해내기 어렵다. 상사의 역할 가운데 하나는 부하 직원들의 능력을 극대화하도록 만들어주는 것이다. 마음껏 자신들의 능력을 발휘할 수 있도록 제반 역할을 마련해주는 것이 바로 리더십이다.

부하 직원이 못 미더워서 자신이 소매를 직접 걷어붙이고 일을 처리해야 직성이 풀리거나 몇 사람만 편애한다면 리더십에 문제가 있다고 봐야 한다. 이런 사람은 제대로 된 관리 시스템이 갖추어진 회사에서는 자리 보존하기조차 힘겹다. 기껏해야 하위 관리자다.

신중한 것과 긍정적인 것은 다르다. 잘되는 회사는 사람을 뽑을 때 신중하고, 일단 사람을 뽑았으면 전적으로 신뢰한다. 이러한 풍토가 조성되어야만 조직원들이 자신의 역량을 십분 발휘할 수 있다.

부정적인 사고방식은 젊고 패기 넘치는 직원에게서도 쉽게 찾아볼 수 있다. 지나친 자신감이나 과도한 승부욕으로 말미암아 동료나 부하 직원을 불신한다. 하지만 무슨 일이든 과하면 화를 부르게 마련이다.

'사촌이 땅을 사면 배가 아프다'라는 속담이 있다. 당신도 사촌이 땅을 사면 배가 아픈가?

그렇다면 당신은 못난 사람이다. 사촌이 가난하면 당신에게 도움을 청할 것이다. 어쩌면 빚보증을 서달라고 부탁할지도 모른다. 그런 사촌을 보며 우쭐해한다면 당신은 성공 자질이 부족한 사람이다.

사촌이 나보다 잘살면 실보다 득이 많다. 사촌이 땅을 사서 돈을 벌었다면 아무에게도 알려주지 않은 노하우를 귀띔해줄 수도 있다. 또한 사촌이 그 땅을 관리해달라고 부탁할 수도 있다.

성공한 사람 중 실제로 그런 인물이 있다. 사촌이 관리해달라고 맡긴 땅을 주차장으로 활용해서 돈을 벌었다. 그는 그 돈을 종잣돈 삼아 사업을 시작했고, 마침내 직원이 몇천 명에 이르는 회사의 주인이 되었다.

긍정적인 사고방식을 지녀라. 편견을 깨면 당신이 지금까지 봐왔던 세상보다 훨씬 넓은 세상이 보일 것이다.

# GOOD
# HABIT

Chapter

2

성공을 위한
실전 법칙

# 품격 있는 사람이 성공한다

소설이나 영화에서 보면 야망을 지닌 인물은 비정하게 그려진다. 성공하기 위해서는 비열한 짓도 서슴지 않고, 배신도 밥 먹듯이 한다.

그렇다면 현실에서는 어떨까?

답은 'NO'다. 성공한 사람들의 공통점 가운데 하나가 바로 품격이다. 졸부는 제외하고, 하나같이 독특한 인품을 지니고 있었다. 칠순이 넘은 그룹 회장은 그만의 향기와 체취가 있었고, 스물도 안 된 세계적인 피아니스트 역시 자신만의 독특한 인품을 지니고 있었다.

그렇다면 그들은 성공했기 때문에 품격을 갖춘 것일까, 품격이 있었기 때문에 성공한 것일까?

나는 후자라고 본다. 예전에는 수단과 방법을 가리지 않는 악독한 수전노가 돈을 벌었다. 하지만 정보화 시대인 오늘날 그런 사람은 절대 큰돈을 벌 수 없다. 온라인을 통해 소문이 삽시간에 퍼지기 때문에 음식점이든 빌딩 임대업이든 간에 사람들의 발길이 뚝 끊긴다.

직장인도 마찬가지다. 나만 알고 나의 이익만 챙겨서는 승진할 수 없다. 과거에는 실적 좋고, 윗사람의 비위만 잘 맞추면 쉽게 승진할 수 있었다. 그러나 오늘날은 다면 평가를 하기 때문에 품격이 없으면 인사고과에서 좋은 점수를 따기 힘들다.

상사에게는 좋은 부하 직원이어야 하고, 부하 직원에게는 좋은 상사여야 한다. 동료들의 눈에도 괜찮은 사람이어야 하고, 하물며 거래처 직원의 눈에도 훌륭한 파트너여야 한다.

한 사람에게 아부하고 충성해서 성공하던 시대는 지났다. 이제는 모든 사람에게 인정받는 일꾼이 되어야 한다.

그렇다면 저마다 성격이 각양각색인데 어떻게 많은 사람의 마음을 사로잡을 수 있을까?

가장 간단한 방법이 품격을 갖추는 것이다. 품격 있는 사람은 좀처럼 욕을 먹지 않는다. 품위 있는 개에게도 발길질을 하지 않는 법인데 사람에게야 오죽하겠는가. 품격을 갖춘 이가 터무니없는 실수를 해서 괴로워하면 오히려 주변 사람들이 그를 감싸주고 위로해준다.

예술인, 연예인, 정치인, 기업인으로 성공하려 해도 마찬가지다. 기자들은 한두 번만 취재해보면 그 사람의 됨됨이를 대체로 간파한다. 남을 업신여기거나 오로지 나만 아는 사람에게는 여지없이 반감을 느끼게 된다. 반면, 인품(人品)과 언품(言品)을 모두 갖춘 사람에게는 호감을 느끼는 게 인지상정이다.

예전에는 취재를 가면 차비나 하라며 취재비를 건네는 명사들이 적지 않았다. 취재비를 받으면 빚을 지고 있다는 부담감 때문에 객관적으로 냉정하게 기사를 쓰기가 어렵다. 그래서 종종 취재원의 인품이나 업적이 실제에 비해서 부풀려지기도 했다.

그러나 언론인들의 자체적인 자정 노력에다 '김영란법'마저 시행되면서부터 취재비가 아예 사라졌다. 비교적 냉정하게 기사를 쓸 수 있는 데다 비교 우위가 단순해지다 보니 훌륭한 인품이 더더욱 빛을 발할 수밖에 없다.

인간이든 동물이든 본능적으로 낯선 사람은 일단 경계한다. 아군인지 적인지 분간할 수 없기 때문이다. 그러다 호감을 갖게 되면 마음의 빗장을 풀면서 진심으로 그 사람의 성공을 바란다. 인품 있는 인물의 경우, 불리한 일이 생기면 덮어주고 좋은 일이 터지면 큼지막하게 다뤄준다.

비단 기자들뿐 아니라 세상 사람들의 심리가 그렇다. 품격을 갖추었다면 이미 절반은 성공한 셈이다.

# 소리 내어 웃으며 인사하라

당신은 앞 장에서 '당신이 성공하도록 음으로 양으로 도움을 준 사람 다섯 명'을 적었다. 그럼 한 가지 물어보자.

당신이 성공하는 데에서 그들이 가장 큰 도움을 줄 거라고 확신하는가? 의외의 인물이 도와줄 수도 있지 않을까?

성공한 사람들은 어땠을까. 그들의 이야기를 들어보면 예상치 못했던 이가 큰 도움을 준 경우가 많았다.

사실, 세상일을 완벽히 예측하기란 불가능하다. 어제의 적이 오늘은 아군이 되기도 하고, 내일은 다시 적이 되기도 하는 게 현실이다.

그렇기 때문에 가능한 한 많은 이에게 호감을 사두는 것이 좋다. 그렇다면 호감은 어떻게 해야 살 수 있을까?

앞에서도 언급했지만 호감을 사기 위해서는 인품이 있어야 한다.

그러나 아무리 훌륭한 인품을 갖췄더라도 대화해보지 않으면 알 수 없다. 대화하려면 먼저 사람을 알아야 한다.

인간은 서로가 서로를 알기 전에는 각기 다른 섬과 섬이다. 그 섬에 다리를 놓는 것이 바로 인사다.

다음 이야기는 실화다.

영업 사원 D가 있었다. 어느 날 그는 여러 차례 드나들었지만 거래를 성사시키지 못했던 거래처에 갔다. 그가 엘리베이터를 탔는데 한 중년 사내가 허겁지겁 뛰어오는 게 보였다. 그는 열림 버튼을 누르고 있다가 웃으며 말했다.

"어서 오세요! 날이 덥죠?"

중년 사내는 D를 힐끗 돌아보며 마지못해 고개를 끄덕였다.

D는 자재 과장을 만나 회사 자재를 납품하기 위해서 열심히 설명했다. 그러나 그 과장은 여전히 본 체 만 체했다. '아, 오늘도 틀렸구나!' 생각하고 일어서려는데 좀 전에 엘리베이터에 함께 탔던 중년 사내가 들어왔다.

"안녕하세요? 자주 뵙네요."

D가 다시 웃으며 인사했다.

"아니, 부임하신 지 얼마 되지 않았는데, 어떻게 부사장님을 아세요?"

자재 과장이 눈을 휘둥그레 뜨고 물었다.

놀란 D가 정식으로 인사하자, 부사장이 그의 방문 목적을 물었다. 자재 과장의 설명을 들은 부사장은 잠시 카탈로그를 살펴보았다.

"김 과장, 이 회사에서 생산한 자재라면 믿어도 돼. 사람을 배려할 줄 아는 직원들이 생산한 자재거든."

D가 1년 동안 드나들고도 거래를 성사시키지 못했던 회사와 단숨에 거래를 틀 수 있었던 것은 화려한 미사여구도, 여러 차례의 접대도 아닌 단 두 번의 인사였다.

성공한 사람은 대개 인사를 잘한다. 미소도 근사하고 목소리도 멋있다. 그런 사람은 꼭 취재 목적이 아니더라도 다시 한 번 찾아가보고 싶다. 언제든지 따뜻하게 맞아줄 것 같은 예감 때문이다.

인사는 노력하면 누구나 잘할 수 있다. 입가에 미소를 머금고 소리내어 인사하는 버릇을 기르자.

우선 출근할 때 아내에게 먼저 인사해보라.

"여보, 갔다 올게. 사랑해."

엘리베이터에서 이웃을 만나면 먼저 인사를 건네자.

"안녕하세요! 일찍 출근하시네요."

회사에 도착하면 만나는 사람마다 웃으며 인사를 하자.

"안녕하세요! 부장님, 좋은 일 있으세요? 오늘따라 얼굴이 환해 보이시네요."

"좋은 일은 무슨……"

"그래요? 그럼 아마도 오늘 좋은 일이 생길 겁니다!"

이런 기본적 인사를 아부라고 여기거나 느끼하다고 생각하면 성공은커녕 사회생활을 할 자격조차 없다.

따뜻한 말과 함께 건네는 인사는 품격 있는 인간으로 가는 첫걸음이다.

# 훌륭한 습관이 훌륭한 미래를 연다

인품이란 좋은 습관의 결과다.

인사하는 습관, 옷 입는 습관, 책 읽는 습관, 돈 쓰는 습관, 바른 자세를 유지하는 습관, 미소 짓는 습관, 경청하는 습관, 배려하는 습관, 아이들이나 어려움에 처한 사람을 보면 감싸고 도와주는 습관, 사물의 이면을 관찰하는 습관 등등……. 수많은 습관이 모여서 인품을 만든다.

성공하는 사람은 훌륭한 습관을 지니고 있다. 바꿔 말하면 훌륭한 습관을 지녀야만 성공할 수 있다.

'세 살 버릇 여든까지 간다'라는 속담이 있다. 타고난 천성 때문이기도 하고, 현재 상태에 만족하기 때문이기도 하다. 하지만 성공을 꿈꾼다면 나쁜 버릇은 한시라도 빨리 고칠수록 좋다.

그럼 지금 당장 가까운 곳에서부터 고쳐나가기 시작하자.

지금 앉아 있는 당신의 자세는 어떠한가?

구부정하게 앉아서 책을 읽고 있다면 허리를 반듯하게 펴라. 자세가 방만하면 척추 질환에 걸리기 쉽고, 머릿속이 산만해져 글귀가 제대로 눈에 들어오지 않는다.

당신은 지금 어떤 옷을 입고 있는가?

호감을 주는 옷차림인지, 너무 평범하지는 않은지 돌아보라. 살찌는 바람에 꽉 끼는 옷을 입고 있어서 보는 이들로 하여금 불안하게 하지는 않는지 돌아보라.

걸을 때 당신은 어떻게 걷는가?

주머니에 손을 넣고 걷지는 않나, 팔자걸음으로 걷지는 않나, 함께 걷는 동료보다 너무 빠르거나 느리지는 않나 돌아보라.

대화할 때 당신은 어떠한가?

상대방의 이야기를 들으려 하기보다 혼자 이야기하는 스타일은 아닌지, 수시로 소리 내는 스마트폰 때문에 상대방의 말허리를 너무 자주 자르고 있지는 않는지, 비슷한 이야기를 수없이 반복하고 있지는 않는지 돌아보라.

술자리에서 당신은 어떠한가?

머릿속으로 엉뚱한 생각을 하면서 혼자 술 마시고 있지는 않는지, 대화에 집중하기보다는 SNS에 빠져서 수시로 스마트폰을 들여다보지는 않는지, 상대방은 멀쩡한데 먼저 취한 것은 아닌지, 나 혼자만 기분 내고 있지는 않는지 돌아보라.

사실, 좋은 습관을 지닌 사람은 많지 않다. 그건 멋있는 사람은 많지 않다는 말과도 일맥상통한다.

성공하려면 멋쟁이가 되어야 한다. 옷은 물론이고, 어딘지 모르게 품격 높은 인간이 되어야 한다.

나쁜 습관을 고치는 가장 좋은 방법은 제3의 눈으로 자신을 관찰하는 것이다. 좋은 습관이 몸에 밸 때까지 자신의 모습을 스물네 시간 지켜보라.

어떻게?

의식의 일부분을 떼어내서 관찰자 역할을 맡기면 된다. 쉽게 말하면, 위에서 누군가가 자신을 지켜보고 있다고 생각하는 것이다. 앉아서 책을 읽을 때도, 걸을 때도 누군가가 주시한다는 의식을 갖고 있다가 나쁜 버릇이 나오면 즉시 수정하라.

일에 몰두하다 보면 관찰자를 깜빡한 채 옛날 버릇이 나오게 마련이다. 하지만 당황하지 말고 다시 관찰자를 세워두라. 처음 한동안은 어색하기 짝이 없겠지만 시일이 지나면 그리 어려운 일이 아님을 깨닫게 될 것이다.

그렇게 반년쯤 지나서 자신의 모습을 예전과 비교해보라. 한층 더 성숙하고 멋있는 사람으로 변신해 있을 것이다.

# 장점이 부각되도록 옷을 입어라

옷도 말을 한다. 예민한 사람은 옷차림만 봐도 상대가 어떤 인물인지 안다. 옷이 주인의 성격과 취향을 말해주기 때문이다.

요즘에는 좋은 옷이 많이 생산된다. 평범한 사람도 대개 좋은 옷 몇 벌쯤은 갖고 있다. 그러나 좋은 옷을 입는 것과 옷을 제대로 차려입는 것은 다르다.

양복만 해도 그렇다. 와이셔츠 색깔, 양복 색깔, 넥타이 색깔, 거기다가 구두 색깔까지 어울리게 맞춰 입기란 웬만큼 색채에 대한 감각이 없으면 힘들다.

인터뷰를 많이 해본 사람일수록 옷을 자연스럽게 입는다. 신문이나 잡지에 실린 사진을 보고서, 텔레비전에 나온 자신의 모습을 보고서 어떤 옷을 입어야 사진이 잘 받는지, 어떤 색상의 옷이 호감을 주는지 깨달았기 때문이다.

인터뷰를 갔는데, 어색한 옷차림을 한 채 맞는 사람이 종종 있다. 자신이 직접 고르거나 배우자가 코디를 해줬다고 하는데 어딘지 모르게 어색하다. 연예인처럼 코디네이터가 따로 있다면 몰라도 일반인이 옷을 제대로 입기란 사실 쉬운 일은 아니다.

그동안 몇 차례 대통령 선거를 치렀지만 1997년 대선이 유독 기억에 남는다. 15대 대통령 선거는 국내 최초로 후보자 TV토론이 실시되기도 했다. 당시 김대중 후보와 이회창 후보가 텔레비전에 나와 대통령 선거 연설을 했는데, 두 사람의 옷차림이 확연히 달랐다.

김대중 후보는 오랜 세월 정치에 몸담아왔던 자신의 장점을 최대한 살리는 한편, 74세라는 적잖은 나이를 가릴 수 있는 색상을 선택했다. 단정하고 중후해 보이는 짙은 청색 양복, 젊어 보이면서도 희망적인 느낌을 주는 푸른색 셔츠, 따뜻하면서도 부유한 느낌을 주는 황금색 넥타이를 맸다. 반면 이회창 후보는 깨끗하다는 장점을 강조하는 한편, 얼굴에서 풍기는 차가운 이미지를 가릴 수 있는 색상을 선택했다. 활기차고 깨끗한 느낌의 감색 양복, 젊고 희망적인 느낌을 주는 푸른색 셔츠, 영민한 느낌을 주는 대각선 줄무늬 넥타이 차림이었다.

물론 이들의 옷은 전문 코디네이터의 작품이었다. 당시 득표율은 김대중 후보 40.3퍼센트, 이회창 후보 38.7퍼센트, 이인제 후보 19.2퍼센트 순이었다. 그런데 한 가지 재미있는 사실은 디자이너들이 평가한 대통령 후보의 옷차림 역시 김대중 후보, 이회창 후보, 이인제 후보 순이었다는 것.

옷차림은 자신의 약점을 커버할뿐더러 장점을 부각시키도록 입어야 한다. 성공하는 사람은 대개 옷을 잘 입는다. 의심스러우면 잡지에 실린 그들의 옷차림을 눈여겨보라, 어디 하나 흠 잡을 데가 있는지.

옷은 평생을 두고 입어야 한다. 매일 출근할 때는 물론이고 중요한 계약을 할 때나 각종 모임에 참석할 때도 입어야 한다. 그러니 한 번쯤 옷 잘 입는 법을 공부해둘 필요가 있다. 그러기 위해서는 색채가 주는 느낌부터 배워야 한다. 색채학을 제대로 공부하고 나면 감각이나 센스가 향상된다. 무조건 옷을 잘 입기 위해서가 아니라도 색채학은 공부해놓으면 유용하다.

직장인은 비슷비슷한 정장 차림이기 때문에 평소에는 옷을 잘 입는지, 못 입는지 표가 나지 않는다. 어떤 날은 활력에 넘쳐 보이던 사람이 어떤 날은 기운이 없어 보이더라도, 대다수 사람은 옷 때문이 아니라 심리적인 변화로 받아들이게 마련이다.

패션 감각이 확연히 드러나는 곳은 부부 동반 파티 장소다. 부부를 각자 관찰해보면 고급스런 의상이고 나름대로 멋도 있는데 함께 있으면 부부처럼 안 보이는 커플이 있다. 그런 커플은 옷을 못 입는 전형적인 사람들이다.

평소 옷을 잘 입는 사람은, 자신은 물론이고 파트너의 의상까지 고려해서 선택을 한다.

부부 동반 파티에서 당신의 옷차림도 멋있고, 배우자의 옷차림도 멋있고, 또한 두 사람의 옷 색깔이나 모양새가 묘하게 조화를 이루도록 옷을 차려입자. 그러면 아마 사람들은 당신을 달리 볼 것이다. 옷 잘 입는 사람은 뭔가 있어 보이기 때문이다.

HABIT

# 05

## 무대 공포증을 극복하는 방법

대중 앞에 서거나 중요한 자리에 서면 얼굴이 빨갛게 달아오르거나, 목소리가 떨리거나, 말을 더듬는 사람이 의외로 많다. 개중에는 성격이 화통한 사람도 적지 않은 걸 보면 무대 공포증을 내성적인 성격 탓으로만 돌릴 수도 없다.

평생 평범하게 살아가며 중요한 자리에 서지 않을 사람이라면 몰라도 성공을 꿈꾸는 사람이라면 무대 공포증은 한시라도 빨리 극복하는 게 좋다.

모든 일은 사람과 사람과의 관계 속에서 이루어진다. 성공하려면 사람들 앞에 서는 순간을 즐겨야 한다. 기분 나쁜 일이 있어서 인상을 찡그리고 있다가도 카메라나 마이크를 들이대면 금세 부드러운 표정을 지을 줄 알고 달변가가 되어야만 성공할 수 있다.

무대 공포증은 완벽주의자이거나 자의식이 강한 사람일수록 심하다. 실수하면 어쩌나, 자칫 말을 잘못 알아들어 엉뚱한 대답을 하면 어쩌나, 멍청하게 보이면 어쩌나 등등 지나친 강박감에 사로잡힌다. 그러다 보니 심장은 마구 뛰고, 얼굴은 노을빛으로 달아오르고, 목소리는 떨리고, 급기야 말을 더듬는다.

무대 공포증을 극복하기 위해서는 먼저 의식의 전환이 필요하다. 요점은 실수를 하찮게 여기는 마음가짐이다.

사실, 실수를 오랫동안 기억하는 사람은 당사자뿐이다. 대다수는 자기 자신과 상관없는 일이므로 쉽게 잊어버린다. 그냥 한 번 웃고 지나치거나 인상 한 번 찌푸리고 잊는다. 다른 사람은 다 잊어버린 일을 혼자서만 가슴에 간직한 채 전전긍긍하고 있으니 그 또한 웃기는 일이 아닐 수 없다.

정치인 중에도 흥분하면 얼굴이 빨개지거나 말을 더듬는 버릇을 지닌 사람이 간혹 있다. 내가 지지하는 여성 국회의원도 흥분하면 얼굴이 빨개져서 말을 더듬는다. 내가 그녀를 좋아하는 까닭은 그녀의 그런 모습에서 다른 의원에게서는 발견할 수 없었던 인간미를 느꼈기 때문이다.

중요한 자리에서 무대 공포증 때문에 실수를 했더라도 마음에 담아두지 마라. 자신의 인간미를 보여줬다고 편하게 생각하라. 실수에 얽매이다 보면 다음번에도 똑같은 실수를 반복하게 된다.

무대 공포증을 극복하는 가장 좋은 방법은 자주 대중 앞에 서는 것이다. 영업 사원 연수 프로그램에 빠지지 않는 것이 바로 대중 앞에 서서 연설하기다.

교육 효과는 상당히 높다. 처음에는 사시나무처럼 떨던 사람도 몇 번 하다 보면 명강사 뺨칠 만큼 잘한다. 막상 해보니까 의외로 어렵지 않음을 머리가 아닌 몸으로 체험했기 때문이다.

체험만큼 좋은 방법은 없다. 그래서 어떤 이들은 무대 공포증을 고치기 위해 지하철이나 버스에서 세일즈맨을 자청하기도 한다. 그 정도의 비장한 마음가짐이라면 무대 공포증보다 더한 그 무엇인들 극복하지 못하겠는가.

무대 공포증은 선천적 요소도 있지만 생활 태도에서 많이 좌우된다. 학교 수업 시간에 발표를 꺼리고, 회의 시간에 의견 개진하기를 주저하고, 무대에 나가 노래 부르는 것을 싫어하다 보니 점점 굳어진 것이다.

지금부터라도 생활 태도를 바꿔라. 회의 시간에 자신의 생각을 정확히 말하고, 모임에 나가면 마이크를 잡고 웃기는 이야기도 한 토막 해보고, 음치일지라도 노래도 한 곡씩 부르며 생활해보자. 그러다 보면 무대 공포증을 충분히 극복할 수 있을 것이다.

분야에 따라 그 정도가 다르겠지만, 여하튼 통상 성공할 확률은 내향적인 사람보다는 외향적인 사람이 높다. 성격을 외향적으로 바꾸면서 무대 공포증까지 극복할 수 있다면 일석이조 아니겠는가?

## 자신만의 이미지를 만들어라

'이미지 메이킹'이라는 말을 들어본 적 있을 것이다.

사람은 저마다 이미지를 갖고 있다. 눈을 감고 전직 대통령의 이미지를 떠올려보라. 이승만, 윤보선, 최규하, 박정희, 전두환, 노태우, 김영삼, 김대중, 노무현, 이명박, 박근혜……. 그들은 모두 각기 다른 이미지를 갖고 있다.

그렇다면 당신이 갖고 있는 그들에 대한 이미지는 누가 심어준 것일까? 일반인들이 지니고 있는 유명인에 대한 이미지는 대부분 신문, 방송, 인터넷 같은 대중매체를 통해 형성된다. 공정한 보도가 중요한 이유이다.

현대 사회는 이미지를 사고판다고 해도 과언이 아니다. 아르마니 양복, 구찌 핸드백, 롤렉스 시계의 이미지를 상상해보라. 그것들 역시 고유의 이미지를 갖고 있다. 이런 이미지는 하루아침에 형성된 게 아니다. 오랜 세월 광고비와 홍보비로 엄청난 돈을 투자해서 만들어졌다.

그렇다면 성공한 사람은 어떤 이미지를 갖고 있을까?

당신에게도 벤치마킹하고 싶은 롤모델이 있을 것이다. 그의 이미지를 상상해보라. 그 역시 괜찮은 이미지를 갖고 있을 것이다.

그럼 이제 당신 차례다. 당신은 회사에서 어떤 평을 듣고 있는가?

"그 친구, 일은 잘하는데 이기적이야."

"그 친구, 말만 요란하지 실속이 없어."

"아, 그 친구! 성실하고 인간성도 좋아."

좋은 평판을 형성해야만 성공할 수 있다. 그러기 위해서는 당신의 이미지를 좋은 쪽으로 바꿔 나아가야만 한다.

좋은 이미지를 만드는 기본적 절차는 이렇다.

**첫째, 자신을 알라.** 자신이 어떤 평판을 지닌 사람인지 정확히 알아야 한다. 그래야만 개조해나갈 방향을 잡을 수 있다.

**둘째, 가치를 높여라.** 아무리 포장을 잘해도 알맹이가 형편없다면 비싼 가격을 부를 수 없다. 실력을 갖추는 것이 급선무다.

**셋째, 자신을 홍보하라.** 현대 사회에는 비슷한 실력을 지닌 사람끼리 집단을 이룬다. 같은 직장에 다니고 있고, 직장 다니는 동안에도 나름대로 공부를 게을리하지 않았다면 당신이나 경쟁자나 실력은 거기서 거기다. 그럼에도 경쟁자는 평판이 좋고 당신의 평판이 형편없다면 그것은 홍보 부족이다. 당신은 이미지를 파는 데 실패한 것이다.

인품을 갖추는 일이 총체적이라고 하면 회사에서 좋은 이미지를 쌓는 건 국지적인 일이다. 회사에서 당신에게 원하는 이미지는 한정되어 있다. 성실하게, 맡은 일을 척척 해내는 유능한 직원…….

성공을 꿈꾼다면 더 이상 미루지 말고 당장 이미지부터 바꿔라!

승진에서 떨어졌다고 해도 자책하지 말고, 좋은 이미지를 쌓도록 노력하라. 당신이 인사과 간부라 해도 같은 조건이면 이미지가 좋은 사람에게 기회를 먼저 주지 않겠는가?

# 실패하더라도 변명을 늘어놓지 마라

세상에는 두 종류의 사람이 있다. 실패해도 변명하지 않는 사람과 실패할 때마다 변명을 늘어놓는 사람.

사람은 신이 아니다. 실패하지 않는 사람은 없다. 위대한 인물들 가운데 단 한 번도 실패하지 않은 사람이 누가 있는가? 어려운 역경을 이겨내고 수많은 실패를 딛고 일어섰기에 그들이 위대한 것이다.

일이 안 되려고 하면 이상한 데서부터 꼬인다. 평소에는 안 막히던 길인데 갑자기 대형 사고로 정체되고, 멀쩡한 차가 멈춰 서기도 한다. 물건을 납품해야 하는데 공장이 파업을 하는가 하면, 전날 술자리에서 계약하기로 굳게 약속했던 바이어가 행방을 감추기도 한다.

회사는 이익집단이다. 과정보다 결과를 중시하는 건 당연하다. 상사가 일의 결과를 물어오면 많은 이가 자신도 모르게 변명을 늘어놓는다. 계획대로였다면 충분히 해낼 수 있는 일이었기에 상세히 상황을 설명하지만 듣는 입장에서는 변명에 불과하다.

사실, 변명은 실패보다 더 나쁘다.

삼성의 이건희 회장은 실패하고 나서 변명을 늘어놓는 사람을 최악의 직원으로 꼽았다. 정도의 차이는 있지만 다른 기업 총수들도 마찬가지다. 일이란 성공할 때도 있고, 실패할 때도 있다. 그런데 실패할 때마다 변명을 들어야 한다면 얼마나 피곤한 일인가?

한 회사에 오래 근무해서 임원이 되면 저절로 오너를 닮게 된다. 오너가 변명을 싫어하는데 임원인들 좋아할 리 없다.

변명하지 말고 깨끗이 실패를 인정하라. 혼나는 걸 두려워하지 마라. 당신도 자식이 잘못하면 혼을 내지 않는가? 그 대신 마음속으로 복수의 칼을 갈아라. 내가 무능해서 실패한 게 아님을 반드시 보여주겠노라 굳게 결심하라! 그런 다음, 실패의 원인을 철저히 분석하라. 만반의 준비를 갖추고 있으면 만회할 기회가 반드시 찾아온다.

변명도 일종의 습관이다. 변명하는 습관에 젖어버리면 실패를 당연시하게 된다. 나의 부족함을 발견하여 개선하기보다는 세상의 부족함을 발견하고는 '탓'만 한다. 그런 사람은 도태될 수밖에 없다.

실패했으면 깨끗이 인정하고 이를 악물어라. 그런 사람은 훗날 이렇게 말하게 될 것이다.

"그때 실패하지 않았더라면 지금의 나는 없을 겁니다!"

실패는 성공을 위한 소중한 밑거름이다. 변명으로 얼버무리고 적당히 넘어가는 사람은 거름의 소중함을 모른다. 그런 사람이 짓는 농사는 흉작일 수밖에 없다.

# 치아에 돈을 투자하라

아사다 지로의 소설 《천국까지 100마일》에 나오는 주인공 야스오는 앞니 두 개가 없다. 그도 한때는 잘나가는 사업가였으나 파산하면서 앞니 두 개가 송두리째 빠져나갔다.

자신의 몸 하나 추스르기 어려운 형편이지만 야스오는 협심증에 걸린 어머니를 수술시키기 위해 승합차에 어머니를 싣고 100마일 저편의 선마르코 병원으로 달려간다. '신의 손'이라는 별명을 지닌 심장 전문의는 야스오에게 이를 해 넣으라고 한다. 앞니가 빠져 있으면 운이 달아난다면서…….

이 소설에서 앞니는 성공의 상징이다. 치과의사는 야스오에게 말한다. 앞니 빠진 사람에게는 좋은 일도 생기지 않고, 괜찮은 여자도 달라붙지 않으며, 좋은 사업 아이템을 갖고 있어도 말해주지 않는다고……. 당신이라면 앞니 빠진 여자를 유혹하겠느냐고!

모두 맞는 말이다. 치아가 건강한 사람은 활짝 웃는다. 웃음이 티 없이 맑고 멋있다.

치아 콤플렉스를 지니고 있는 사람은 웃음이 부자연스럽다. 누렇게 색이 바랜 경우, 스케일링을 하지 않아 치석이 낀 경우, 돌출된 이를 지니고 있는 경우, 앞니가 벌어진 경우, 해 넣은 지 오래되어서 잇몸과 맞닿는 부분이 까맣게 변한 의치인 경우, 어금니가 빠져 있는 사람의 경우에는 대화할 때 입술 움직임이 활발하지 않아 자신감이 없어 보인다.

또한 치아 콤플렉스를 갖고 있으면 말하는 것 자체를 꺼리게 된다. 해야 할 말을 속으로만 하다 보면 성격도 점점 내향적으로 변한다.

인간은 겉모습을 보고 사람을 판단하는 경향이 있다. 가지런하고 하얀 치아는 보는 사람을 기분 좋게 한다. 벌어진 데 없이 단단한 치아는 신뢰감을 느끼게 해준다. 어려운 일을 맡겨도 빈틈없이 일을 처리할 것만 같다.

어느 나라 국민인들 치과 가기를 좋아하겠는가마는 유독 한국인은 치과 가기를 싫어한다. 두려움도 두려움이지만 입을 벌려서 속을 보여주는 행위 자체에 대한 거부감이 잠재의식 속에 내재해 있기 때문이다.

성공하는 사람은 치아가 멋있고 당당하다. 치아 콤플렉스 때문에 윗입술이나 아랫입술을 움직이지 않고 말하는 사람은 찾아볼 수 없다. 그들의 치아는 무소 뿔처럼 당당하고, 코끼리 상아처럼 빛난다.

자, 시간을 내 오늘 당장 치과에 가보자. 손봐야 될 이는 손을 보고,

해 넣어야 될 이는 해 넣고, 오래된 치석은 말끔히 제거하자. 그런 다음 거울 앞에서 이를 드러내고 자신 있게 웃는 연습을 하자.

사람은 기쁜 일이 생기면 웃는다. 좋은 일이 있어서 웃는 것이 아니라 자꾸 웃다 보면 정말로 좋은 일이 생긴다. 웃어야 할 때 웃지 못하면 평생 인상을 찡그리고 살 수밖에 없다. 그런 사람에게는 불운의 여신이 그림자처럼 따라붙는다.

치아에 아낌없이 돈을 투자하자. 그것이야말로 제대로 된 투자다.

## 칭찬은 나를 빛나게 한다

"죄송합니다!"

이는 언제부터인가 한국인이 잘 쓰는 표현 중 하나다. 거의 습관적으로 사용한다. 길거리에서 옷깃만 스쳐도 무의식적으로 튀어나온다. 식당이나 도로에서 가로막고 있는 사람을 지나치려고 할 때에도 말이 먼저 튀어나온다.

물론 남에게 폐를 끼치지 않고 살아가겠다는 것이니 나쁘지 않다. 공중도덕과 예의를 지키며 살겠다는 걸 나쁘다고 할 수는 없다.

그런데 곰곰이 생각해보면 그리 유쾌하지는 않다. 좋은 건 배워야겠지만 점점 일본인의 국민성을 닮아가는 것 같아서다.

일본인은 어려서부터 공공질서를 지키도록 귀에 못이 박이게 교육받는다. 그들의 철저한 질서 의식은 선진적이기는 하지만 다른 측면에서 보면 일종의 자기방어다. 누군가에게 트집 잡힐 빌미를 제공하지 않기 위함이다.

한국인의 국민성은 낙천적이며 활달하다. 그런데 자꾸만 "죄송합니다!"를 연발하는 사이에 좋은 국민성이 위축될까 봐 불안하다.

반면, 한국인은 칭찬에는 유독 인색하다. 경쟁이 치열한 사회다 보니 웬만큼 잘해서는 눈에 차지도 않는다.

한국인의 영혼에는 신명이 깃들어 있다. 사람의 심리가 원래 그렇기도 하지만, 한국인은 칭찬해주면 훨씬 더 잘하는 특성이 있다. 하루에 "죄송합니다!" 하는 횟수만큼이라도 칭찬을 하자.

마음이 인색한 사람일수록 칭찬도 인색하다. 주변을 돌아볼 여유도 없이 바삐 살아가다 보면 타인에게 무관심해진다. 이런 사람이 성공할 확률은 희박하다. 공부는 나만 열심히 하면 좋은 성적을 얻지만, 사회에서 성공하려면 나만 열심히 해서는 안 된다. 나 또한 열심히 해야 하지만 사람들의 마음을 사로잡을 줄도 알아야 한다.

사람의 마음을 간단하게 사로잡는 비결이 바로 칭찬이다. 무심코 던진 말 한마디가 한 사람의 인생을 바꾸기도 한다. 칭찬 한마디로 인해 무능한 사원이 유능해질 수도 있다.

칭찬은 에너지를 충전시켜준다. 칭찬받는 사람은 밤새 일을 해도 피곤한 줄 모른다.

"나보다 훨씬 잘하는걸."

"정말, 대단한 솜씨야."

"자네는 우리 회사의 보배야."

이런 말 한마디 한다고 해서 나의 값어치가 떨어지지 않는다. 그 사람보다 못난 사람이 되는 것도 아니다. 오히려 칭찬은 나를 빛나게 한다.

　칭찬을 아끼지 마라. 대체적으로 칭찬에 인색한 사람은 기준 잣대가 높기 때문이다. 전문가의 시선으로 보면 세상에 칭찬할 거리는 많지 않다. 눈높이를 낮춰라. 눈높이를 낮추고 주변을 둘러보면 칭찬할 거리가 차고 넘친다.

# 중앙에 앉아서 만찬을 즐겨라

세상에는 '인사이더'와 '아웃사이더'가 있다.

아웃사이더는 원래 국외자, 전문 지식이나 소양이 없는 문외한, 품위가 없는 사람, 경마에서 인기 없는 말을 가리킨다.

그러나 사회학에서는 보통 집단 안에서 따돌림을 당하거나 겉도는 사람을 말한다. 학교든 사회든 간에 이 두 집단은 분명히 존재한다. 아웃사이더의 존재도 무시할 수 없지만 세상을 이끌어나가는 이들은 인사이더다.

요즘 대학가에서는 아웃사이더를 '아싸'라고 줄여서 부른다. 혼자 등교하고, 혼자 밥 먹고, 혼자 수업 듣는 학생을 일컫는다. 모임에서 실수하여 아싸가 되는 경우도 있지만, 혼자 있는 것이 편해서 자발적으로 아싸가 되는 경우도 적지 않다. 오랜 세월 책상에 앉아 혼자서 공부만 하다 보면 사회성이 떨어질 수밖에 없다. 입시 위주의 교육이 낳은 병폐 중 하나라 할 수 있다.

하지만 아웃사이더가 성공할 확률은 희박하다. 교실 맨 뒷자리에 앉아서 수업 시간에 만화책만 뒤적이던 친구들을 기억할 것이다. 그들은 지금 무엇을 하고 있을까?

우수한 집단에는 아웃사이더들이 별로 없다. 회사의 핵심 부서라면 인사이더로 이루어져 있다고 봐야 한다.

성공은 인사이더 중에서도 몇 사람이 하는 것이다. 성공하려면 빙빙 겉돌지 말고 중앙으로 들어가라. CEO들은 적극적인 마인드를 지닌 사람을 반긴다. 많은 CEO가 '파레토의 법칙'을 신뢰한다. 열심히 일하는 20퍼센트의 직원이 빈둥거리는 80퍼센트의 직원을 먹여 살리고 있음을 알고 있다.

따라서 상사에게 적극적 마인드를 지녔음을 어필할 필요가 있다. 어떤 일이든 도전에는 리스크가 따르게 마련이다. 리스크를 두려워하면 온전히 성장하지 못한다. 새로운 일을 맡아 처리해줄 적임자를 물색 중인 상황이라면 과감하게 자청할 필요가 있다.

그러나 사실 근무 시간에는 나를 부각시킬 기회가 많지 않다. 중요한 프로젝트는 팀별로 하는 데다 직위에 맞게 중요한 일이 주어지기 때문이다.

기회는 회식이다. 요즘에는 일은 잘하는데 회식을 즐길 줄 모르는 직장인이 의외로 많다. 상당수 직장인은 회식 자체를 싫어한다. 상사와 마주 보고 앉아서 술 마시는 행위 자체를 불편하게 받아들이기 때문이다.

하지만 성공하고 싶다면 회식 자체를 즐겨야 한다. 한쪽 구석에서 따분하게 하품이나 하며 앉아 있지 마라. 자리가 정해져 있지 않다면 중앙에 앉아라. 중앙은 회사의 핵심 인물들이 모여 있는 곳이다. 그 틈에 끼여 적당히 술도 마시고 여유 있게 회식을 즐겨라.

친분은 술자리 같은 사적 자리에서 싹튼다. 친분이 쌓이면 그 사람의 단점은 보이지 않고 장점만 보인다.

친분 있는 사람이 일까지 잘한다면 얼마나 사랑스럽겠는가?

# 수다스런 남자, 재미있는 남자

직장에서 보면 동성과 잘 어울리지 않고 이성하고만 유독 잘 어울리는 남자가 있다. 이런 인물은 대개 수다스런 남자이다.

수다스런 남자는 여자 형제 틈에서 성장했거나 여성적 기질을 갖고 있다. 이런 사람은 끊임없이 말을 한다. 소재는 주로 드라마나 연예인에 관한 것인데, 대개는 각종 사이트에 떠도는 내용들이다. 가끔씩 성대모사도 하고, 한창 유행 중인 우스갯소리를 들려주어 폭소를 자아내기도 한다. 그러다가 곁에 있던 사람이 자리를 뜨면 곧바로 그 사람 흉을 보기도 한다.

재미있는 남자는 여성 직원뿐만 아니라 남성 직원에게까지 인기 있다. 이런 사람은 유머 감각이 뛰어나고 박식하다. 소재는 연극, 영화, 음악에서부터 스포츠, 정치, 경제, 사회 전반에 걸쳐서 다양하다.

여성 직원들은 수다스런 남자와 가깝게 지내지만 호감을 갖고 있는 쪽은 재미있는 남자다. 자신도 모르는 사이에 재미있는 남자의 곁을 맴돈다.

재미있는 남자는 어디를 가도 환영받는다. 일은 조금만 잘해도 돋보이고, 못 해도 크게 책망을 듣지 않는다. 술자리나 야유회에서 빠지면 그 빈자리가 금방 드러난다.

수다스런 남자는 직장을 옮기면 관계가 끊어지지만 재미있는 남자와는 직장을 옮겨도 계속 관계를 유지하려 한다. 유머러스한 데다 낙천적이어서 함께 있으면 편안하기 때문이다.

성공하는 사람 중에는 재미있는 이가 많다. 긍정적인 데다 박식해서, 위험부담이 큰 사업일지라도 그와 함께라면 잘될 것 같은 예감이 든다.

정보화 사회에서 만남은 곧 기회다. 인터넷에서도 수많은 정보가 떠돌아다니지만 대개 중요한 정보는 만남을 통해 공유된다. 그러한 정보는 곧 돈과 연계된다. 따라서 재미있는 남자는 비교적 쉽게 성공할 수 있다.

재미있는 남자가 되려면 기본적으로 네 가지를 갖춰야 한다.

**첫째, 시사에 능해야 한다.** 정상적인 사회생활을 하는 사람이라면 누구나 시사에 관심이 있다. 그러나 화제를 꺼내놓고 본인이 결론까지 내려서는 안 된다. 문제 제기로 충분하다. 많은 사람이 이야기에 참여할수록 재미있는 자리가 된다. 단, 지나치게 민감한 화제는 피하는 게 좋다. 끝이 뾰족하거나 날카로운 화제는 반드시 누군가에게 상처를 입힌다.

**둘째, 유머 감각이 있어야 한다.** 인터넷에 떠도는 우스갯소리를 많이 아는 것과 유머 감각이 있는 것은 다르다. 유머 감각이 있는 사람은 무슨 말을 해도 재미있다. 유머 감각을 키우려면 사물을 보는 관점을 바꿀 줄도 알아야 한다. 상식을 뒤집거나 비틀면 재미있어진다.

**셋째, 낙천적이어야 한다.** 말을 하다 보면 실수가 따르게 마련이다. 악취미를 가진 사람은 반드시 그 실수를 꼬집는다. 하지만 그것에 연연해하면 자리가 무거워진다. 마음에 담아두지 말고 가볍게 넘길 줄 아는 낙천성이 있어야 한다.

**넷째, 순발력이 있어야 한다.** 큰 웃음은 준비된 상황보다 돌발 상황에서 터져 나온다. 어떤 상황에 놓이더라도 순발력 있게 대처할 줄 알아야 한다.

나의 이미지는 어떤가, 한번 돌아보라. 너무 무겁지는 않은지, 요즘 젊은이들의 표현대로 '노잼'은 아닌지……. 그렇다면 술자리나 야유회에서 변신을 꾀해보자. 처음이 중요하다.

개그맨은 무대에 올라서 싱긋 웃기만 해도 여기저기서 웃음이 터져 나온다. '재미있는 사람'이라는 인식이 박혀 있기 때문이다. 한 번 재미있다는 이미지가 박히면 그 뒤로는 무슨 말을 해도 웃게 되어 있다. 사람들은 웃을 준비가 되어 있다. 그들을 즐겁게 해줘라. 제 발로 찾아와서 중요한 정보를 제공할 것이다.

# 숙이면 올라간다

같은 부서에 자신의 능력을 떠벌리기 좋아하는 A와 겸손이 몸에 밴 B가 있다.

어느 날, A가 100만 달러짜리 수출 계약을 따냈다. 그는 기쁨에 들떠서 소리쳤다.

"여러분, 제가 지금 막 백만 달러 수출 계약을 했습니다! 몇 번이나 틀어질 뻔했는데 제가 세 시간 넘게 설득해서 마침내 계약서에 도장을 찍었습니다. 축하해주세요!"

동료나 상사는 환호성을 지르며 박수를 열렬하게 쳐준다. 그러나 표정은 의외로 담담하다. 이미 A로부터 일을 추진하는 전 과정을 수없이 들었기 때문이다.

며칠 뒤, B 역시 100만 달러짜리 수출 계약을 따냈다. B는 몹시 기뺐지만 부장에게 조용히 보고한다. 예상치 못했던 계약 성사라서 부장은 몹시 흥분한다.

"여러분, 오늘 B가 백만 달러 수출 계약을 따냈습니다. 당사자인 B에게서 한마디 들어보겠습니다."

동료나 상사의 시선이 일제히 B에게 쏠린다. 그들은 하나같이 놀라는 표정이다.

"제가 이 계약을 성사시킬 수 있었던 것은 모두 여러분의 가르침과 배려 덕분입니다. 앞으로 더욱더 열심히 하겠습니다."

동료나 상사는 말없이 박수를 치지만 겸손한 그의 모습에 깊은 감명을 받는다.

한 달 뒤, B가 승진하였다. 두 사람은 똑같은 일을 했지만 간부들은 A의 계약 건은 잊어버리고 B의 것만 기억하고 있었기 때문이다.

능력 있는 사람 중에는 거만한 사람이 많다. 그런 사람은 힘든 일을 성사시켜도 돋보이지 않는다. 그가 성공하면 사람들은 당연시하고 실패하면 '잘난 체하더니 꼴좋다!' 하며 비웃는다.

지금은 자기 홍보 시대다. 그런데 많은 사람이 그 뜻을 잘못 알고 있다. 자기 입으로 떠벌린다고 해서 홍보가 되는 게 아니다. 떠벌리는 것과 침묵하는 것 중 어느 쪽이 더 효과적인가를 염두에 두어야 한다.

A 역시 자기 홍보를 했다고 생각할 것이다. 하지만 그것은 잘못된 홍보였다. 제대로 된 홍보는 눈과 귀를 즐겁게 하면서 가슴으로 느끼게 만들어야 한다.

겸손한 사람은 가만히 있어도 돋보인다. 오늘날 지나친 겸손은 미덕이 아니지만 적당한 겸손은 여전히 미덕이다.

'벼는 익을수록 고개를 숙인다'라는 속담이 있다. 이와 유사한 뜻으로 '궁신접수(躬身接水)'라는 말이 있다. 찻잔이 차를 얻고자 한다면 찻주전자보다 낮은 곳에 자리하고 있어야 한다는 뜻으로, 원하는 것을 얻기 위해서는 몸을 낮춰야 함을 가리킨다.

사람의 마음을 얻으려면 필수적으로 겸손해야 한다. 겸손이 몸에 배어 있는 사람에게는 어딘지 모르게 함부로 대할 수 없는 품격이 있다. 잘난 체하는 사람보다는 겸손한 사람에게 호감을 갖는 것이 인지상정이다.

# 성공하는 사람의 화술

짧은 글이든 긴 글이든 간에 기, 승, 전, 결이라는 순서가 있다. 좋은 글은 순서가 제대로 지켜진 것들이다.

말에도 이처럼 순서가 있다. 짧은 이야기이든 긴 이야기이든 하나의 이야기 속에는 순서가 숨어 있게 마련이다. 화술이 뛰어난 사람은 대체적으로 순서를 잘 지킨다.

성공하는 사람들의 화술에는 몇 가지 공통점이 있다.

**첫 번째, 적당한 시기와 분위기를 선택한다.** 같은 말이라도 분위기와 장소에 따라서 달라진다. 화술이 뛰어난 사람은 직감적으로, 이런 말을 꺼내도 좋은 시기인지 적절한 장소인지를 판단해낸다. 상대방의 기분은 전혀 고려하지 않고 나의 기분만 고려해서 말하는 이는 화술이 형편없는 사람이다.

**두 번째, 적당한 유머를 사용한다.** 유머는 마음을 느슨하게 하는 힘이 있다. 잔뜩 긴장하고 있는 사람에게 진지한 이야기를 늘어놓아봤자 먹히지 않는다. 먼저 유머로 긴장을 풀어주고 편안한 상태에서 대화를 시작해야 한다.

**세 번째, 칭찬을 한다.** 본론 거론에 앞서 먼저 칭찬을 한다. 칭찬을 듣고 나면 기분이 좋아지고, 경계의 빗장이 풀린다. 무슨 말을 할지 팔짱을 낀 채 잔뜩 긴장하고 있는 사람보다는 편안한 자세로 웃고 있는 사람을 설득하기가 한결 수월하다.

**네 번째, 말을 많이 하기보다는 경청한다.** 뛰어난 화술은 혀에서 나오는 것이 아니라 머리에서 나오는 것이다. 화술이 뛰어난 사람은 상대방으로 하여금 말을 많이 하도록 만든다. 말은 뱉고 나면 허공에서 사라지는 게 아니다. 말 속에는 책임이 들어 있다. 말을 많이 하다 보면 상대방의 귀한 시간을 뺏고 있는 기분이 드는 데다 자기 말에 책임을 져야 하기 때문에 거절하기가 점점 어려워진다.

**다섯 번째, 적절한 제스처를 취한다.** 화술이 뛰어난 사람은 온몸으로 말한다. 귀 기울여 듣고, 눈빛으로 호소하고, 적절한 손짓과 몸짓으로 설득한다. 청각으로만 듣는 것보다 시각으로 보고 청각으로 들으면 쉽게 머릿속에 각인되기 때문이다.

**여섯 번째, 적절하게 침묵을 이용한다.** 때로는 백 마디 말보다 한 번의 침묵이 효과적이다. 긴 문장을 읽다 보면 호흡이 가빠지고 머릿속이 혼란스러워진다. 마찬가지로 길게 이야기하면 귀에 잘 들어오지 않는다. 좋은 문장에는 적재적소에 쉼표, 마침표, 느낌표, 물음표, 말줄임표가 있다. 대화할 때도 마찬가지다.

**일곱 번째, 화가 나 있거나 불평을 늘어놓을 때는 말을 천천히 한다.** 화가 나 있는 사람도 말을 하다 보면 흥분이 점차 가라앉는다. 그러나 대화 속도가 빨라지면 점점 더 흥분할 수도 있다. 상대방이 이성을 찾게끔 언성을 낮추고 말을 천천히 한다.

**여덟 번째, 생생한 비유를 한다.** 아이들이 할아버지의 이야기를 지루해하는 것은 식상한 표현이 대부분이기 때문이다. 화술이 뛰어난 사람은 상대방의 직업이나 상대방이 처한 환경과 관련된 생생한 비유를 한다. 그래야 쉽게 납득하기 때문이다.

**아홉 번째, 희망을 준다.** 듣는 둥 마는 둥 하던 사람도 자신의 이익과 관련된 이야기가 나오면 눈빛이 달라진다. 그것이 경제적인 이익이든 명예나 출세에 관련된 것이든 간에 적절한 희망을 주어서 마음을 움직이는 것이다.

**열 번째, 인간성으로 승부한다.** 말만 앞세우는 사람은 화려한 미사여구를 늘어놓아도 상대방의 마음을 얻지 못한다. 진심으로 느껴지지 않기 때문이다. 화술이 뛰어나려면 일단 인간성이 좋아야 한다. 그래야만 그 사람의 말을 전적으로 믿고 신뢰할 수 있다.

**열한 번째, 감동을 준다.** 불가능해 보이는 일도 상대를 감동시키면 간단히 해결된다. 한 번 감동하면 그 사람을 영원히 잊지 못한다. 또한 감동은 물결처럼 파문을 일으켜 널리 퍼지는 효과가 있다.

**열두 번째, 가장 영향력 있는 사람을 찾는다.** 같은 부탁이라도 누가 하느냐에 따라 다르다. 내가 하면 쉽게 거절할 부탁도 영향력 있는 사람을 통해서 하면 거절하지 못한다. 화술이 뛰어난 사람은 영향력 있는 사람을 통해 자신의 말을 전한다.

# 시간을 15분 단위로 관리하라

로펌의 변호사는 '타임시트(time sheet)'라고 해서 15분 단위로 시간을 체크한다. 15분 단위로 시간을 잘게 쪼개서 그 시간에 무엇을 했는지 작성하여 위에 보고해야 한다.

변호사의 수임료는 사건 단위와 시간 단위로 결정된다. 만약 법률 자문을 맡고 있는 A라는 회사 직원과 전화 통화를 했거나 만나서 상담을 했다면 사용 시간을 기록해둔다. 로펌에서는 월말이 되면 소속 변호사들이 회사 A를 상대로 사용한 시간을 합산해서 청구한다.

성공은 곧 시간과의 싸움이다. 인간은 시간 속에서 살고 있기 때문에 시간관리를 잘하는 사람이 성공하게 되어 있다.

그물코가 크면 잔고기들이 빠져나갈 수밖에 없다. 시간관리를 하지 않으면 엉뚱한 데다 허비하는 시간이 많을 수밖에 없다. 일 처리도 비효율적일 것은 빤하다.

예전에는 대다수 회사가 시간 외 근무를 당연시했는데 요즘은 퇴근 시간을 준수하려는 회사들이 점점 늘고 있다. 오랜 시간 회사에 남아 있기보다는 시간관리를 잘해서 효율적으로 일하는 것이 더 낫다는 사실을 깨달았기 때문이다.

회사에서 일을 잘하는 사람은 대체적으로 시간관리도 잘한다. 중요한 일은 집중력이 높은 시간에 처리하고, 집중력이 떨어지는 시간에는 잡무를 처리한다.

시간을 잘 관리하는 것도 노하우다. 꾸준히 관리해온 사람은 시간을 절약하는 생활이 몸에 배어 있지만, 그렇지 않은 사람은 멍한 상태에서 허송하기 일쑤다.

시간은 곧 돈이다. 돈이 자신도 모르는 사이에 통장에서 빠져나간다고 상상해보라. 얼마나 아까운가.

소득이 낮은 사람들은 종종 의사나 변호사가 너무 많은 돈을 번다고 투덜거린다. 그렇게 억울하면 한번 꼼꼼히 비교해보라. 그들은 좋은 머리를 지녔고, 좋은 대학을 나왔고, 게다가 시간관리 노하우를 가지고 있을뿐더러 오랜 시간 일한다. 그들이 많은 돈을 버는 것은 어찌 보면 당연하다.

성공하고 싶다면 투덜거리지 말고 시간을 관리하라. 어떤 분야에서 일하든 간에 시간관리를 잘하면 성공할 수 있다.

계획 없이 하루를 살아왔다면 24시간을 15분 단위로 기록해보라. 일하는 시간은 물론이고, 그 밖의 시간까지 꼼꼼하게 기록해보라. 그동안 얼마나 많은 시간을 헛되이 보내며 살아왔는지 통감할 것이다.

시간관리가 몸에 배면 하루가 길어진다. 예전에는 상상조차 할 수 없었던 수많은 일을 하루 동안에 처리할 수 있다. 어쩌면 일주일 내내 해왔던 일을 하루 만에 해낼지도 모른다.

그럼 주변에서 당신을 달리 볼 것이다. 평판이 점점 좋아지다 보면 당신이 원했든 원하지 않았든 간에 성공하게 되어 있다.

# 노력은 재능을 뛰어넘는다

천재 예술가 중에는 생을 불행하게 마감한 이들이 적지 않다.

빈센트 반 고흐는 자신의 귀를 자르고 권총으로 자살했다. 샤를 보들레르는 매독이 악화되어 반신불수와 실어증에 시달리다 죽었다. 우울증과 환청에 시달리던 버지니아 울프는 주머니에 돌을 넣은 채 우즈강(江)에 몸을 던졌다.

존스홉킨스대학교의 케이 재미슨 교수는 '20세기 위대한 예술가'들의 병력을 조사했는데, 무려 38퍼센트가 우울증을 앓았다고 한다. 예술가들이 이처럼 우울증에 시달리는 이유는 여러 가지가 있지만 명성에 어울리는 작품을 생산해야 한다는 강박감이나 중압감도 큰 역할을 했으리라.

천재들 중에는 노력파가 적지 않다. 일반인들의 상상을 초월할 정도로 오로지 작업에만 매달린다. 노력과 재능이 상호 보완작용을 하기 때문이다. 재능이 있다 보니 남보다 더 노력하게 되고, 노력을 통해서 재능은 빛을 발한다.

그러나 재능만으로 반짝 빛을 본 천재는 강박감이나 중압감을 이겨내지 못하고 자멸한다. 데뷔 작품이 마지막 작품이 되어버리는 경우도 허다하다.

주변을 둘러보면 천재까지는 아니더라도 특출한 재능을 지닌 사람은 쉽게 찾아볼 수 있다. 그러나 노력이 수반되지 않은 재능은 축복이 아니라 재앙이다. 타고난 재능으로 인해 오히려 불행한 삶을 살기도 한다.

성공한 사람 중에 자신이 천재라고 주장하는 사람은 많지 않다. 그저 남들보다 조금 더 노력했을 뿐이라며 겸손해한다. 만나기 전에는 천재라는 확신을 갖고 있다가도 직접 만나서 이야기를 들어보면 생각이 바뀌기도 한다.

세계적인 발레리나 강수진은 하루 18시간을 연습하며 한 시즌에 200켤레가 넘는 토슈즈를 갈아 신었다. 피겨 여왕 김연아도 새벽 6시 30분부터 몸 풀기로 시작해서 하루 8시간씩 훈련했다. 골프 황제 타이거 우즈 또한 휴식과 식사를 포함해서 하루 12시간의 훈련을 소화해냈다.

어떤 분야든 간에 경쟁이 치열하기 때문에 재능만으로는 한계가 있다. 노력이 받쳐주지 않는다면 톱클래스로 올라가기는 어렵다.

나는 〈생활의 달인〉이라는 TV 프로그램을 즐겨보는데, 종종 '인간이 노력해서 이를 수 있는 경지는 도대체 어디까지일까?' 하고 자문한다.

인생은 100미터 달리기가 아니라 마라톤이다. 단거리 경기라면 재능 있는 사람을 이기기 어렵지만 장거리 경기라면 충분히 역전 가능하다. 비록 몇 분 늦게 출발하더라도 여러 변수가 있기 때문에 꾸준히 달리다 보면 결승점에 먼저 도착할 수 있다. 그래서 성공한 사람들이 성공 비결로 재능이 아닌 노력을 꼽는 것이겠다.

노력은 재능을 뛰어넘는다.

중소기업에 다니다가 해고되어서 50대 초반에 사업을 시작한 분이 있다. 그분은 60세가 넘어서 크게 성공했는데 성공 비결에 대해서 묻자 이렇게 대답했다.

"일에 미친 듯이 빠져들게! 자신의 존재감마저 잊어버리고 일과 하나가 되었을 때 비로소 성공은 오랜 가뭄 끝에 내리는 빗줄기처럼 찾아온다네."

# 성공한 사람에 대해서 이야기하라

세상에는 두 종류의 사람이 있다. 위를 올려다보며 사는 사람과 아래를 내려다보며 사는 사람.

제각각 장단점이 있다. 위를 올려다보며 사는 사람은 끊임없이 노력해야 하지만 훗날 노력한 만큼의 보상을 받는다. 아래를 내려다보며 사는 사람은 마음은 평화스럽지만 훗날 경제적 어려움을 감수해야 한다.

어디에다 눈길을 두고 세상을 살 것이냐, 하는 것은 대개 유년 시절에 결정된다.

"엄마! 난 구십 점 맞았는데 영수는 백 점 맞았어!"

시험지를 들고 온 아이가 이렇게 말했을 때, 부모가 "그래, 다음에는 꼭 백 점 받아와라!"라고 대답해주면 아이는 위를 보며 살게 된다.

"엄마! 난 칠십 점 맞았는데 진수는 육십 점 맞고 영희는 오십 점 맞았어!"

시험지를 받아와서 아이가 이렇게 말했을 때, 부모가 "그래? 그 정도라면 나쁘지 않은걸" 하고 말한다면 아이는 아래를 내려다보며 살게 된다.

위를 쳐다보며 사는 사람은 일등을 하지 못하는 한 시험을 잘 봐도 만족하지 못한다. 아래를 내려다보며 사는 사람은 꼴찌를 해도 크게 낙담하지 않는다.

쉽게 스트레스를 받는 쪽은 위를 쳐다보며 사는 사람이다. 아래를 내려다보며 사는 사람은 성적이 나빠도 자살하지 않는다. 설령 전교에서 꼴찌라고 해도 전국에서 꼴찌는 아닐 거라고 위안하기 때문이다. 반면, 위를 쳐다보며 사는 학생은 열심히 공부했는데 성적이 오르지 않으면 비관해서 자살을 선택하기도 한다.

현대 사회는 경쟁 사회다. 어려서부터 위를 쳐다보며 살도록 교육받는다. 결과를 중시하는 사회다 보니, 지나친 경쟁이 수많은 부작용을 낳는 것도 사실이다. 노력해도 크게 달라지는 것이 없자 사람들은 너도나도 마음의 위안을 찾기 시작했다. 전국적으로 힐링 열풍이 거세게 불었고, 대중매체에서는 '느리게 살기'나 '아래를 내려다보며 살기'를 권하기 시작했다.

그러나 사회 구조가 근본적으로 바뀌지 않는 한 이런 권유는 그야말로 일시적인 처방에 불과하다. 입시 경쟁은 여전히 치열하고, 취업난은 갈수록 심각해지고 있다. 명문대를 나와서 괜찮은 기업에 취업해야만 '인간답게' 살아갈 수 있는 사회! 이런 구조가 바뀌지 않는

한 여전히 대다수가 위를 쳐다보며 살아갈 수밖에 없다.

정보화 시대에는 산업 사회에 비해 성공할 방법이 다양하다. 성공 확률 역시 아래를 보며 사는 사람보다는 위를 보며 사는 사람이 더 높다. 성공한 사람들은 모두 위에 있기 때문이다.

아래를 내려다보며 사는 사람은 항상 실패한 사람에 대해서 이야 기한다. 사업을 벌였다가 망한 친척, 행정고시에 다섯 번이나 도전했 다 실패한 친구, 잘나가다 몰락한 정치인에 대해서 침을 튀기며 늘어 놓는다.

위를 올려다보며 사는 사람은 언제나 성공한 사람에 대해서 이야 기한다. 사업을 시작해서 부자가 된 친척, 행정고시에 다섯 번 도전 한 끝에 성공한 친구, 몰락했다 재기하여 한창 잘나가는 정치인에 대 해서 이야기한다.

아래를 내려다보며 사는 사람은 그 주변에 온통 실패한 사람뿐이 고, 위를 쳐다보며 사는 사람은 그 주변에 죄다 성공한 사람뿐이다. 두 사람 중 누가 성공 확률이 높겠는가?

성공한 이들 중 자신이 성공했다는 사실을 모르는 사람도 많다. 전 에도 열심히 달려왔고 지금도 달려가고 있기 때문이다. 그들은 의식 자체가 위로 열려 있어서 좀처럼 만족을 모른다.

당신은 어떠한가?

성공하고 싶다면 성공한 사람에 대해서 이야기하라. 누군가는 반 드시 실패한 사람에 대해서 이야기할 것이다. 그때는 진지하게 귀를 기울여라. 그 이야기 속에서 실패 원인을 찾아낼 수 있다. 실패는 간 접 체험을 통해서 하고, 성공은 직접 체험을 통해서 하라.

# 기록하는 습관을 길러라

1985년 8월 18일, 나리타공항에서 오사카로 가던 일본항공 소속 보잉 747기가 추락해서 승객 534명 중에서 4명만 생존하는 항공사고가 발생했다. 한 일본인 승객이 추락하는 긴박한 상황 속에서 아내에게 쓴 편지가 큰 화제가 됐었다.

기록은 좋은 습관이다. 몸에 배기까지가 어렵지, 일단 몸에 배고 나면 기록하지 않으면 오히려 허전하다. 기록은 뇌를 최대한 활용할 수 있는 좋은 방법이다. 암기력이 좋아도 기록해놓지 않으면 뇌는 기억하는 데 상당한 에너지를 소비해야 하기 때문에 다른 일에 집중할 수 없다. 뇌를 효율적으로 사용하기 위해서라도 기록하는 습관을 길러야 한다.

기록을 하다 보면 어지러운 머릿속이 정리된다. 뒤늦게 문제점이나 해결책을 발견할 수도 있다. 또한 마음을 차분히 가라앉히는 효과도 있다.

성공한 사람들은 대부분 기록하는 습관을 지니고 있다. 40년 동안 하루도 빠지지 않고 일기를 써온 사람도 있고, 책을 읽고 난 후에는 반드시 독서록을 써온 사람도 있고, 수십 권의 플래너를 써온 사람도 있고, 오랫동안 금전출납부를 기록해온 사람도 있다.

삶의 속도는 점점 빨라지고 있다. 19세기에는 열흘에 걸쳐서 해야 했던 일들을 지금은 단 하루면 충분히 해치울 수 있다. 운송 수단의 발달로 이동 시간이 줄어들었고, 각종 장비의 발달로 업무 효율성이 높아졌기 때문이다.

물론 동시대를 살아도 삶의 속도는 제각각이다. 농촌보다는 도시의 속도가 빠르고, 노년층보다는 젊고 활동적인 청년층의 삶의 속도가 빠르다.

그럼에도 현대인의 삶은 대체로 강 상류에서 급류를 타고 하류로 내려가는 것과도 같다. 미처 돌아볼 사이도 없이 모든 것이 흔적 없이 사라져버린다. 따라서 순간순간 배우는 것도 많지만 그만큼 잊어버리는 것 또한 많다.

세상 모든 것은 혜성과도 같아서 한 번 스쳐가면 두 번 다시 만나기 어렵다. 삶의 속도가 느리고 공간 이동이 적었던 과거에는 재회할 확률이 높았다. 그러나 삶의 속도가 빨라지고 생활공간이 넓어진 현대 사회에서는 재회할 확률이 훨씬 낮다.

무언가를 얻고 싶다면 기록하는 습관을 길러야 한다. 수첩을 품 안에 넣고 다니면서 영감이 떠올랐거나 누군가에게 좋은 이야기를 들었다면 그 자리에서 기록하라. 수첩이 번거롭다면 스마트폰의 녹음 기능을 이용해도 무방하다.

책을 읽었다면 반드시 감상문을 적어라. 영화를 보았다면 느낀 점을 간단하게라도 적어라. 책이나 영화는 한 시대를 풍미한 장인들의 땀과 노력의 결정체다. 보고 나서 곧바로 잊어버린다면 결국은 돈과 시간만 낭비한 셈이다.

일기는 삶을 투명하게 비추는 거울이다. 매일 일기를 써라. 거울 앞에서 자신의 하루를 비추어보라. 목표를 향해 앞으로 가고 있는지 뒷걸음질치고 있는지 주의 깊게 지켜보라.

느끼는 것도 습관이다. 같은 영화를 보고도 어떤 사람은 아무것도 느끼지 못하고 어떤 사람은 감동의 눈물을 흘린다. 사과가 나무에서 떨어지는 것을 보고도 어떤 사람은 아무 생각 없고 어떤 사람은 만유인력을 발견한다.

감동의 눈물을 흘릴 줄 아는 사람이 감동적인 삶을 산다. 끊임없이 생각하고, 끊임없이 느끼고, 끊임없이 기록하는 사람은 언젠가는 자신이 원하는 것을 얻는다.

반성이 없으면 발전도 없다. 기록하는 습관을 길러라. 꾸준히 기록하다 보면 운명의 갈림길을 만나더라도 어느 쪽으로 가야 옳은 길인지 직감적으로 알 수 있다.

# 나만의 특기를 계발하라

학원가에는 수강하는 직장인이 상당히 많다. 신입 사원에서부터 오십이 넘은 간부 사원까지 다양하다. 급변하는 세상에서 살아남기 위한 몸부림이다.

연공서열에 의한 월급제에다 평생직장이라는 개념이 남아 있던 과거에는 눈에 띄지 않으면 보통 사원이었다. 그러나 성과연봉제로 바뀌고 업계마다 구조조정이 활발하게 이뤄지면서, 눈에 띄지 않으면 무능한 사원으로 취급받기에 이르렀다.

세상 한편에서는 '자율 출퇴근제', '재택근무', '주4일 근무제' 등 직장인들의 마음을 사로잡는 여러 정책을 실시하고 있다. 하지만 엄밀히 따지면 그건 어디까지나 '능력자'를 위한 것이다. 한마디로 '연봉도 많이 주고, 근무 조건도 개선해줄 테니 능력 있는 사람만 남아서 함께 일하자'는 홍보이자 선포이다.

다른 한편에서는 구조조정이 한창이다. 경기가 어렵다 보니 구조조정 계획이 없는 회사에서도 유언비어와 함께 '살생부'가 떠돌아다닌다. 그러자 언제 해고될지 몰라 숨죽이며 사태를 주시하던 사람들이 달려간 곳이 학원가다. 예전에는 승진을 위해서 공부했지만 지금은 생존을 위해서 공부한다.

구조조정을 한다면 '교집합'에 속하는 이들이 가장 우선순위에 오른다. 한 부서에 비슷한 특기를 지닌 직원들 말이다. 한 사람이 자리를 비웠을 때 별도의 인계 과정 없이 다른 이가 대신할 수 있는 수준의 업무를 처리하는 직원들이 먼저 구조조정 명단에 오른다. 몇 사람을 제거해도 회사가 굴러가는 데는 아무 지장이 없다.

물론 해고당한 사람도 고통스럽고, 남아 있는 사람도 두세 명이 하던 일을 혼자 하려니 고통스럽다. 그러나 그건 어디까지나 개인의 불행일 뿐이다. 조직도 생존이 우선이기 때문에 조직원들의 불행을 일일이 헤아릴 겨를이 없다.

CEO는 한 부서에 공집합들로 구성된 직원들이 모여서 시너지 효과를 최대한 발휘해주기를 원한다. 한마디로 인건비를 줄이기 위해서 꼭 필요한 인재들로만 조직을 구성하겠다는 것이 구조조정의 핵심이다.

그렇다면 꼭 필요한 인재란 어떤 사람일까? 조직에 없어서는 안 될 사람, 그가 빠지면 업무에 지장을 초래할 수밖에 없는 사람이다.

하지만 현실적으로 이런 인재가 얼마나 되겠는가. 대다수가 대체 가능한 소모품에 불과하다. 아무리 높은 경쟁률을 뚫고 입사했더라도 주특기가 없으면 도태될 수밖에 없는 환경이다.

세상은 '베이비붐 세대'가 사회에 진출하던 때와는 비교하기 무색할 정도로 각박해졌다. '적당히'가 설 자리는 사라졌다. 그 시절에는 적당한 학력과 적당한 상식과 적당한 머리만 있으면 살아가는 데 아무 문제가 없었다. 하지만 지금은 취업조차 어렵다. 적당히 두루두루 잘하기보다는 차라리 한 가지를 특별히 잘하는 편이 낫다. 이런 사람은 뽑아놓으면 현장에 곧바로 투입할 수 있기 때문이다.

아직 늦지 않았다.

지금부터라도 자신만의 특기를 계발하라!

10년 넘게 했지만 회화도 제대로 못 하는 영어를 죽어라 붙잡고 있을 틈이 없다. 일찌감치 중국어로 전환한 사람은 지금 얼마나 대접받고 있는가. 와인이나 커피 열풍이 불 걸 예상하고 자격증을 따둔 소믈리에나 바리스타는 또 어떠한가.

특기가 있다면 세상을 살아가는 데 유리하다. 그러나 워낙 빠르게 변화하는 세상이다 보니 특기도 시대의 조류를 탈 수밖에 없다. 특기를 선택할 때는 미래의 변화를 예측해볼 필요가 있다. 오랜 세월 노력해서 특기를 만들었는데 제대로 써보지도 못한다면 아깝지 않겠는가.

훗날 후회하지 않으려면 꾸준히 미래 예측 관련 서적을 읽어라. 또한 경제에 관심을 갖고, 선진국에서 번창하고 있는 사업을 눈여겨보라. 그 일이 나의 흥미를 끌고 적성에도 맞는 일이라면 성공 가능성은 한층 높아진다.

HABIT

# 19

## 자리에 맞게 행동하고 처신하라

일적으로 중소기업을 방문하다 보면 당황스러울 때가 있다. 말하고 행동하는 걸 보면 영락없는 사장인데 나중에 보면 말단 사원이거나, 말과 행동은 하급 관리자인데 나중에 보면 사장인 경우가 종종 있다.

아무리 수평적 관계를 지향하고 직원의 자율을 존중한다고 해도 그런 회사는 일단 신뢰가 가지 않는다. 마치 사기 집단처럼 보인다.

성장하는 회사는 조직 체계가 확실하다. 명함을 주고받지 않아도 대화를 잠깐 나눠보면 그의 직위를 대충 짐작할 수 있다.

반면 정체되어 있거나 무너져가는 회사는 조직 체계가 불분명하다. 조직 체계가 불분명하면 권한과 책임 또한 불분명하게 마련이다. 프로젝트에 대한 전반적인 권한을 쥐고 있는 상사가 일이 틀어지면 슬쩍 부하 직원에게 책임을 떠넘기기도 하고, 아무런 권한이 없는 말단 사원이 마치 모든 걸 책임질 것처럼 프로젝트를 추진하기도 한다.

함께 일을 해나가야 하는 협력 회사의 입장에서는 불안할 수밖에 없다. 만에 하나 일이 틀어질 경우 누구에게 책임 추궁을 할 것인가.

사회 활동의 기본은 신뢰다. 신뢰는 말과 행동에서 싹튼다. 왠지 모르게 믿음이 가는 사람을 유심히 살펴보면 자신의 위치에서 해야 할 행동과 하지 말아야 할 행동을 분명히 알고 있다. 부하 직원을 어떻게 다뤄야 하는지, 상사를 어떻게 모셔야 하는지, 협력 업체 직원을 어떻게 대해야 하는지 정확히 알고 있다.

그런 사람과의 거래는 즐겁다. 언제까지 무슨 일을 해달라는 요청을 거절할 수 없다. 신뢰할 수 있는 사람의 부탁이기도 하지만 신뢰할 수 있는 회사의 부탁이기 때문이다.

직분에 맞게 행동하기란 쉬워 보이지만 막상 실천하려면 만만치 않다. 일을 의욕적으로 처리하려다 보면 직위를 감추고 싶을 때도 있고, 복잡한 문제가 걸려 있는 일을 처리하다 보면 슬쩍 발뺌하고 싶은 유혹에도 빠진다.

그러나 이런저런 이유로 자신의 신분과 직위를 망각하면 신뢰를 잃는다. 빠르게 쌓은 탑은 빨리 허물어지는 법이다. 일이 순조롭게 진행될 때는 세상 모든 사람이 내 편 같지만, 일이 뒤틀어지면 내재되어 있던 불신이 빠르게 싹을 틔워서, 가장 믿었던 사람에게조차 버림받게 된다.

조금은 답답하더라도 자리에 맞게 행동하고 처신하라.

회사는 한 사람이 이끌어가는 것이 아니다. CEO라 하더라도 모든 일을 자신의 뜻대로 처리하려 해서는 안 된다. 조직은 조직원들이 적재적소에서 맡은 일을 충실히 수행할 때 효율성이 극대화된다.

# 효율적으로 인맥을 관리하라

2016년, 인쿠르트와 두잇서베이가 총 4,191명을 대상으로 설문 조사를 한 결과 성인 남녀 10명 중 7명은 인맥관리를 중시하는 것으로 나타났다. 정성 들여 관리하는 인맥에 대한 질문에 '없다(30%)', '업무 관련 인맥(23%)', '혈연(18%)', '지연(15%)', '학연(13%)' 등으로 집계되었다.

응답자 중 44퍼센트는 100명 이상의 카카오톡 친구가 있었다. 그러나 한 달에 1회 이상 연락하는 사람은 10명 이하라는 대답이 63퍼센트를 차지했다.

SNS의 발달로 손가락 몇 번만 움직이면 연락을 주고받을 수 있지만 이조차도 번거로워하는 게 현실이다. 설문 조사에 응한 사람 중 42퍼센트는 인맥관리 때문에 더 큰 스트레스를 받는다고 답했다.

사회생활을 하는 데에서 인맥은 대단히 중요하다. 모든 일이 사람과 사람을 통해 이뤄지기 때문이다. 조직 내 지나치게 혈연, 지연, 학연 위주로 묶이면 몇 개의 라인이 형성되어서 전체적인 조직 결속력이 떨어진다. 하지만 적당한 인맥 형성은 오히려 업무 전반에 걸쳐 도움을 주고, 조직에 활력을 불어넣는다.

개인주의가 성행하다 보니 인맥관리에 아예 신경 쓰지 않는 이도 적지 않다. 이런 부류는 대학 선배나 고향 선배를 봐도 알은체하지 않는다. 다른 사람 눈에 아부하는 것처럼 보일까 봐 우려하기 때문이다. 그러나 상대방의 입장에서 보면 괘씸할 수 있다.

명절에 고가의 선물을 하고, 승진을 앞두고 값비싼 선물을 건네거나 술대접을 하는 것은 인맥관리가 아니라 뇌물이다. 자칫하면 그 사람과의 관계를 망칠 수도 있다. 필요할 때보다 평소에 인맥을 관리해 두는 게 효율적이다.

현대인은 당당한 걸 좋아한다. 한쪽에서 너무 굽히고 들어오면 흑심을 품고 있다고 생각되거나, 뭔가 해줘야 할 것 같은 기분이 들기 때문에 마음 한구석이 불편하다.

인맥관리는 수평적으로 하는 게 좋다. 가장 바람직한 관계는 친구다. 인간은 자체가 외로운 동물이다. 선후배 사이라도 상명하복의 수직적 관계보다는 적당한 예의를 지키면서 수평적 관계를 유지하는 게 좋다. 취미생활을 함께할 수 있다면 금상첨화다.

능력 있는 선배에게는 들어줘도 부담이 없을 만한 부탁을 하라. 선배는 자신의 능력을 과시하기 위해서라도 기꺼이 들어줄 것이다.

바쁜 선배라면 주저하지 말고 부탁하라. 그 선배는 바쁜 상황을 즐기는 사람이다. 눈코 뜰 새 없이 바쁜 와중에도 잊지 않고 부탁을 들어줄 것이다.

사업으로 큰돈을 번 선배라면 노하우를 배워라. 그 선배가 벌어들인 것은 돈이다. 노하우는 덤으로 얻은 것이기 때문에 가까운 사람이라면 기꺼이 그 비법을 가르쳐줄 것이다.

무슨 일이든 그 일을 들어주다 보면 부탁한 사람을 생각하게 된다. 누군가를 생각한다는 것 자체가 특별한 일이다. 특별한 관계는 서로가 서로를 생각하는 시간이 늘면서 형성된다.

사람을 사귄다는 것은 서로에게 좋은 일이다. 당신이 사귀었으면 하는 사람이 있다면 주저하지 말고 먼저 다가가라. 그 사람도 당신이 접근해 오기를 내심 기다리고 있을 가능성이 높다. 당신만의 이익을 위해서 노골적인 목적을 갖고 접근하는 것이 아니라면 다가오는 인맥을 누가 마다하겠는가.

아무리 내향적인 사람이라도 여러 번 만나면 친해지게 마련이다. 그런 사람은 친구가 많지 않기 때문에 사귀기가 힘들지만 한 번 사귀면 관계가 오래 유지된다. 반면, 외향적인 사람은 쉽게 사귈 수 있지만 특별한 관계를 유지하기까지는 오랜 시간이 걸린다.

사실 내향적인 면만 지니고 있는 사람도, 외향적인 면만 지니고 있는 사람도 없다. 내향적으로 보여도 외향적인 면이 강한 사람도 있고, 외향적으로 보여도 내향적인 면이 강한 사람도 있다.

어떤 분야든 성공하고 싶다면 우물을 뛰쳐나와 더 큰 세상으로 나가야 한다. 세상의 모든 일은 상상이나 계획만으로 이뤄지지 않는다. 결국 성공 여부는 어떤 사람과 함께 그 일을 추진하느냐에 달려 있다.

앞서 인맥은 평소에 관리하는 것이 효율적이라고 했다. 인맥관리의 기본은 만남 그 자체를 즐기는 일이다. 깊이 알고 보면 나쁜 사람은 그리 많지 않다. 마음을 열고 허물없이 대하다 보면 인생 또한 즐거워진다.

# 다시 공부하라

'상선약수(上善若水).'

이는 노자의 《도덕경》에 나오는 말로, '지극히 착한 것은 흐르는 물과 같다'라는 뜻이다.

흐르는 물은 자체적으로 정화를 하기 때문에 깨끗하다. 흐르는 물은 썩지 않는다. 그러나 한 가지 일을 오래 하다 보면 자신도 모르게 정체된다. '업무성 치매'에 걸리는 것이다. 모든 일을 습관적으로 처리해버리기 때문에 퇴근하고 나면 회사에서 어떻게 보냈는지 아무것도 기억나지 않는다.

몸도 편하고 마음도 편하지만 이렇게 몇 년 지내다 보면 '세상의 중심'에서 멀리 떨어지게 된다. 시대와 함께 흘러가야 하는데 변화의 흐름을 따라가지 못한다. 고여 있다 보니 조금씩 혼탁해지다가 끝내는 썩고 만다.

사람도 물과 마찬가지다. 변화하는 세상에서 살아남으려면 스스로 자기 정화를 하며 흘러가야 한다. 한곳에 안주하고 있으면 지금은 편안할지 몰라도 훗날 반드시 그 대가를 치러야 한다.

지식 역시 마찬가지다. 시간이 지나면 업그레이드를 해줘야 한다. 제때 업그레이드가 되지 않으면 낡은 지식에 얽매이고, 결국 썩은 지식을 지니게 된다. 썩은 지식으로는 변화에 민감한 젊은이들과 제대로 소통할 수 없다. 종종 노인들이 '되지도 않는 고집'을 부리는 이유도 낡은 지식에 사로잡혀 있기 때문이다.

복잡계(complex systems, 자연계를 구성하고 있는 많은 구성 성분 간의 다양하고 유기적인 협동현상에서 비롯되는 복잡한 현상들의 집합체) 물리학자이자 응용수학자인 새뮤얼 아브스만의 저서《지식의 반감기》가 있다. 방사성 동위원소 덩어리가 절반으로 붕괴되는 반감기를 가지는 것처럼, 우리가 알고 있는 지식의 절반이 틀린 것으로 드러나는 데 걸리는 시간을 추적한 책이다. 연구 결과에 의하면, 물리학은 13.07년, 경제학은 9.38년, 수학은 9.17년, 심리학은 7.15년, 역사학은 7.13년, 종교학은 8.76년 등으로 측정되었다.

영원한 것은 없다. 한때 흡연은 몸에 좋다고 의사가 권하기까지 하였다. 만약 그때의 낡은 지식을 갖고서 지금도 흡연이 몸에 좋다고 권하는 의사가 있다면 주변에서 어떤 시선으로 바라볼까? 2006년 명왕성은 태양계 행성에서 퇴출되어 왜소행성으로 전락하였다. 그런데 지금도 명왕성이 태양계 행성이라고 우긴다면? 더 얘기할 것도 없다.

지식 역시 살아 있는 생물과 같다. 시간이 지나면 야채가 시들고 생선에서 썩은 냄새가 진동하듯, 지식 역시 마찬가지다. 중·고등학교·대학교에서 배운 지식만으로 평생 살아갈 수는 없다.

한 번쯤은 친구들과 길을 걷다가 샛길로 빠져서 소변을 본 적이 있으리라. 다시 친구들과 어깨를 나란히 하고 걸어가려면 어떻게 해야 하는가? 뛰는 수밖에 없다. 평상시 걸음으로는 쉽게 간격이 좁혀지지 않는다.

한 분야에서 성공을 거두려면 첨단 지식을 갖추고 있어야 한다. 만약 너무 뒤처져 있다는 생각이 든다면 '처음부터 다시 시작한다!'는 마음가짐으로 치열하게 파고들어야 한다.

'결핍'은 인간을 성장시키는 중요한 거름이요, 신이 감춰놓은 선물이다. 못 배운 것을 부끄러워하지 말고, 배울 기회를 외면한 것을 부끄러워하라. 모르는 것을 부끄러워하지 말고, 알은체하며 더 묻지 않은 것을 부끄러워하라. 지식이 딸리는 것을 부끄러워하지 말고, 노력하지 않은 것을 부끄러워하라.

다시 공부하라!

# 경험과 경력을 쌓을 기회를 붙잡아라

세상에는 눈에 보이지 않는 흐름이 있다. 산에서 흘러내리는 물줄기가 일정하지 않듯 세상의 흐름 또한 일정하지 않다. 어떤 때는 홍수처럼 거세게, 어떤 때는 시냇물처럼 졸졸졸 흐른다.

운동 경기에도 흐름이 있다. 명감독은 흐름에 민감하다. 지금이 나에게 불리한 흐름인지 유리한 흐름인지를 직감한다. 그래서 때로는 경기를 지연시키고, 때로는 선수를 교체하고, 때로는 선수 자율에도 맡긴다.

성공하려면 흐름을 잘 타야 한다. 정치인으로 성공하려면 시대의 조류를 타야 하고, 사업가로 성공하려면 돈의 흐름을 타야 하고, 예술가로 성공하려면 문화의 흐름을 타야 한다.

물론 흐름과 무관하게 자신의 길을 묵묵히 가다가 뒤늦게 성공하는 사람도 있다. 하지만 뒤늦게 빛을 보는 사람보다는 영영 빛을 못 보고 끝나는 인생이 압도적으로 많다. 성공하려면 자신의 길을 묵묵히 가다가도 기회가 왔다 싶으면 주저하지 말고 흐름을 내 것으로 만들어야 한다.

흐름을 아는 데에서 가장 중요한 것은 정보다. 돈을 벌려면 돈 줄기가 어디에서부터 시작되어서 어디로 흘러가는지를 알아야 한다. 그래야만 그 길목을 지키고 있다가 돈을 벌어들일 수 있다.

막연하게 '감'만으로 돈을 버는 경우도 있다. 하지만 그 감이 계속 이어지기란 어렵다. 결국 감이 떨어지면 주변 눈치나 살피다가 돈 줄기를 쫓아 뛰어다니게 된다. 먹다 남긴 돈 몇 푼이라도 건지기 위해 하이에나처럼 뒤치다꺼리도 서슴지 않는다.

시대의 조류를 알고 돈의 흐름을 꿰뚫어 보려면 그 분야의 경험과 지식은 필수다. 여기에 정보가 보태지면 막연한 감이 아닌 진정한 감이 생긴다.

그리스 신화에 등장하는 제우스의 아들 카이로스는 '기회의 신'이지만 '시간'을 의미하기도 한다. 기회란 항상 그 자리에 머물러 있는 것이 아니라 시간과 함께 찾아왔다가 시간과 함께 사라진다. 카이로스 동상을 보면 앞머리는 풍성하지만 뒷머리는 대머리다. 거기다가 등과 발에는 날개까지 달려 있다. 카이로스는 갑자기 인간의 눈앞에 나타난다. 하지만 인간이 움켜쥐지 못하고 우물쭈물하는 사이 순식간에 날아가버린다.

기회의 신은 늘 우리 주변을 맴돈다. 흘러가는 시간과 함께하고 있기 때문이다. 그러나 아무나 그를 볼 수 있는 건 아니다. 간절한 마음으로 찾아 헤매는 사람에게만 보인다. 기회를 잡고 싶으면 마음의 준비를 하고 있다가 정면에서 확 낚아채야 한다.

기회의 신은 늘 똑같은 얼굴을 하고 나타나는 것도 아니다. 기회의 신은 변신에도 능하다. 따라서 위기도 잘만 활용하면 기회가 된다. 영웅은 난세에 나고, 부자는 급변기에 난다. 변신할 수 있는 기회가 찾아오면 코앞의 이익에 연연해서는 안 된다.

영업을 최우선으로 여기는 회사에서는 관리직 사원도 짧게는 1, 2년 길게는 7, 8년씩 영업직으로 내보낸다. 그 기간 동안에 그 사람의 능력이 드러난다. 성공할 자질을 갖춘 사람은 영업인으로도 성공하지만, 편하고 안정된 삶만 추구하는 사람은 이 기간을 견뎌내지 못해 사직하거나 허송세월하다가 도태된다.

성공은 맨손으로 잡는 것이 아니다. 곤충을 잡을 때 잠자리채가 있으면 쉽게 채집할 수 있듯이 성공도 마찬가지다. 경험과 경력은 성공을 잡을 수 있는 일종의 잠자리채다. 성공하고 싶다면 경험과 경력을 쌓아라. 자기 분야에서 지식을 쌓고, 인맥을 통해 정보를 얻다 보면 반드시 경험과 경력을 쌓을 좋은 기회가 보인다.

그때만큼은 경쟁자가 파리 떼처럼 달라붙더라도 놓치지 마라. 가용할 수 있는 모든 능력을 발휘해서 붙잡아라. 인생에서 기회는 무한정 주어지는 게 아니다. 몇 번의 기회가 인생을 결정한다.

# 생각을 바꾸면 통찰력이 생긴다

'나비효과'란 서울에 있는 나비가 날갯짓을 하면 다음 달쯤 미국에서 태풍이 일어날 수 있다는 기상학적 연구에서 비롯된 말이다.

이 용어를 처음 사용한 사람은 미국의 기상학자 에드워드 로렌츠다. 그는 1979년 〈브라질에서 나는 나비의 날갯짓이 텍사스주에서 발생한 토네이도의 원인이 될 수 있을까?〉라는 논문을 발표하였다.

로렌츠는 '현대 과학은 천체 운동과 로켓 운동은 정확히 예측하면서, 날씨의 변화만은 왜 정확히 예측하지 못하는가?'라는 의문을 품었다. 그는 컴퓨터로 실험을 하였는데, 날씨는 끊임없이 불규칙적으로 변화하고 있기 때문에 일주일 뒤의 날씨를 정확히 예측하는 것은 불가능하다는 결론을 내렸다.

'나비효과'가 좀 더 발전한 것이 카오스 이론이다.

현대인의 일상은 '카오스적'인 것과 '비카오스적'인 것에 둘러싸여 있다. 시계추는 진동이 주기적으로 반복되므로 예측 가능하니 '비카오스적'인 것이지만, 주가의 변동 같은 것은 예측 불가능하기 때문에 '카오스적'이다.

성공하는 사람 중 '카오스적'인 것을 예측한 이가 많다. 그래서 흔히 "성공하려면 노력 못지않게 운도 따라야 한다"라고 말하는 것이리라.

하지만 과연 누가 이런 걸 정확히 예측할 수 있겠는가?

'서울의 나비가 꽃잎에 앉아 있지 않고 날갯짓을 해서 대기가 불안정해진다. 대기의 흔들림이 점점 강해져서 많은 것이 흔들리고, 결국 미국에서 토네이도가 발생한다.'

일반인이라면 이런 생각 자체를 거부할 것이다. 하지만 발명이라는 것은 상상을 통해서 현실화된다. 무언가를 발명하려면 통찰력이 있어야 한다.

통찰력이 있는 사람은 나뭇잎 사이로 보이는 귀만 보고도 기린임을 알아내고, 코끼리 귀를 보고 꼬리의 모양을 알아맞힌다. 즉, 부분을 보고 전체를 알아맞히고 한 부분만 보고도 다른 부분을 알아맞힐 수 있다.

통찰력은 노력하면 키워진다. 보통 사람과 똑같은 생각을 해서는 그 이상으로 성공하기 힘들다. 발상의 전환이 필요하다.

작은 변화일지라도 눈여겨볼 필요가 있다. 예를 들어 온종일 스마트폰으로 채팅에 빠진 조카를 보며 한심하다고 혀를 차서는 발전이 없다. 생각을 바꾸면 좀 더 많은 것이 떠오른다. 채팅에 빠진 아이들로 인해 제3차 세계대전 발발을 예측한다는 것은 불가능할지라도, 채팅을 통해서 자연스럽게 외국어를 공부할 수 있는 앱을 만들면 돈이 되리라는 것쯤은 예측할 수 있다.

남북의 관계가 악화될 때 불안해진 사람들은 주식을 내다 판다. 이때를 틈타서 오히려 주식을 사들이는 사람들이 있다. 조만간 관계가 개선되면 다시 주식이 오르리라는 것을 예측하기 때문이다.

빌 게이츠는 1973년 하버드대학교에 입학했다. 그러나 그는 조만간 가정이나 직장에서 슈퍼컴퓨터가 아닌 개인용 컴퓨터를 사용하게 될 것을 예견하였다. 그는 학업을 중단하였고, 1975년 폴 앨런과 함께 마이크로소프트를 세웠다. 번역 회사를 운영하던 마윈은 1995년 우연히 미국에 갔다가 인터넷의 무한한 가능성을 발견하였다. 그는 인터넷에 대해서는 아무런 지식도 없었지만 중국 최초의 인터넷 기업인 옐로우페이지를 세웠고, 4년 뒤에는 세계 최대의 전자상거래 회사 알리바바를 세웠다.

생각을 조금만 바꿔도 많은 것이 보인다. 대다수 사람이 평범함을 벗어나지 못하는 까닭은 굳어버린 관념 속에서 살아가기 때문이다. 과감하게 고정관념을 제거하고 새로운 시선으로 세상을 보라.

당신의 눈앞으로 느릿느릿 지나가는 기회가 보일 것이다.

## 잠들어 있는 리더십을 깨워라

회계학을 전공한 C는 15년 동안 대기업 인사과에서 일하다가 명예퇴직했다.

주로 직원들의 급여를 관리하는 업무를 맡았던 그는 직장을 나오자 마땅히 할 일이 없었다. 여기저기 기웃거리며 돌아다니다가 이탈리안 레스토랑을 운영하기로 결정했다.

그러나 주변 사람들은 하나같이 만류했다. 레스토랑은 흔하게 볼수 있는 서비스업종 중 하나지만 막상 운영하려면 겉보기보다 복잡하다. 기본적으로 신경 써야 할 것이 한두 가지가 아니기 때문이다. 음식의 맛, 가격, 종업원의 친절이 성공을 가르는 요인일 것 같지만 반드시 그런 것도 아니다. 레스토랑은 트렌드, 실내외 분위기, 점포 위치, 주차 시설 등의 조건들도 결코 무시할 수 없다. 경쟁이 치열하기 때문에 창업 비용 또한 만만치 않다.

외식업계의 80퍼센트가 폐업하고 있는 불경기에 레스토랑 창업이라니! 그것도 산전수전 다 겪은 장사꾼도 아닌 걸음마조차 제대로 못 뗀 초보자가!

C는 주변 사람들의 만류에도 불구하고 레스토랑을 열었다. 전 재산을 쏟아붓고도 모자라서 대출까지 받아야만 했다.

처음에는 고전했으나 그는 점점 잘해냈다. 두 차례 시행착오 끝에 성실한 주방장을 구했고, 좋은 식재료를 중간 마진 없이 구했다. 음식이 맛있는 데다 분위기 좋고, 종업원의 서비스 또한 특급 호텔 레스토랑에 못지않다는 입소문이 퍼지면서 손님이 점점 늘어나기 시작했다. 주말에는 예약 손님으로만 만석이어서, 다른 손님은 아예 받을 수 없는 지경이었다.

C는 서비스업은 시류에 민감하다는 것을 알고 있었다. 열기가 식기 전에 강남 지점을 냈다. 강남 지점마저 성황을 이루자 주변 사람들은 그의 뛰어난 상술과 함께 탁월한 리더십을 칭찬했다. 그토록 비범한 재능과 열정을 지니고 있으면서 어떻게 15년 동안 인사과에서 단순한 업무만 봤는지 의아해할 정도였다.

리더십은 어려서부터 길러주는 게 이상적이다. 그러나 현실은 그렇지 못하다. 학교에서 배우는 교육 대부분이 대학 진학에 필요한 학문 위주이다 보니 리더십이 내면에 잠들어 있는 경우가 허다하다.

인간은 환경에 좌우되는 동물이다. 새로운 환경이 주어지기 전까지는 그 사람에게 어떤 재능이 있는지 정확히 알아내기란 어렵다.

리더십도 마찬가지다. 가부장적인 집안에서 자라나서 수직적 명령 체계를 지닌 조직에서 근무하다 보면 리더십을 발휘할 기회가 없다. 게다가 대다수 한국인이 스스로의 성격을 내향적이라고 규정짓는 경향이 있기 때문에 더더욱 발굴해내기 어렵다.

그러나 한국인은 내향적이냐 외향적이냐를 떠나서 뛰어난 리더십을 지니고 있다. 왜냐하면 알게 모르게 동양의 유교사상에 젖어 있기 때문이다. 유교사상은 자신의 이익보다는 대의를 먼저 생각하도록 유도하고, 봉사와 희생정신을 강요한다.

대의와 봉사와 희생정신, 이것들이야말로 리더가 갖춰야 할 기본 자질이다.

나의 주변 사람들도 다양한 업종에서 성공을 거뒀다. 나는 그들을 만날 때마다 그들이 예전과는 많이 달라져 있음을 실감한다. 나이를 먹고 경제적으로 풍요로워지면서 마음의 여유가 생겨서일 수도 있겠지만 가장 큰 이유는 리더십의 변화 때문이다.

예전에는 앞에 나서는 걸 싫어했던 사람일지라도 어느 정도 성공을 거두고 나면 앞에 나서는 걸 주저하지 않는다. 이는 내면에 잠들어 있는 리더십이 각성했기 때문이다.

직장생활을 하든지 사업을 하든지 간에 리더십은 성공의 필수 요건이다. 처음부터 완벽한 리더십을 갖고 태어난 사람은 없다. 리더십은 누구에게나 미완성이다. 완벽해 보이는 리더는 더 많은 인내와 끈기를 갖고 노력하는 것뿐이다.

학창 시절에 한 번도 회장 혹은 반장, 부반장을 해본 적이 없다고 해서 실망할 필요는 없다. 훌륭한 리더가 되기 위한 전제 조건은 자신감이다. 리더라고 해서 반드시 남들보다 운동을 잘해야 하거나 말을 잘해야 한다는 법은 없다.

삼국 시대 촉한의 유비를 보라. 조운처럼 칼싸움을 잘하지도 못하고, 장비보다 호탕하지도 않고, 관우보다 인품이 뛰어나지도 않다. 그렇다고 제갈량처럼 머리가 좋은 것도 아니다. 하지만 그들이 아니라 유비가 리더 아닌가.

밑에 있는 사람은 리더만 바라본다. 리더가 자신을 잃고 불안해하면 모두가 불안해한다. 몸짓과 눈빛을 통해 불안감이 전염병처럼 소리 없이 퍼져나가기 때문이다.

오늘날 뛰어난 리더로서 재조명을 받고 있는 사람 중 한 명이 어니스트 섀클턴이다. 섀클턴은 1914년 8월, 27명의 대원을 이끌고 영국을 떠나 남극 탐험에 나선다. 그러나 나무로 제작된 배는 얼음에 갇혀 난파되고 만다. 그때부터 상상을 초월한 귀환 전쟁이 시작된다. 생존 자체가 힘겨운 극한 상황이었지만 섀클턴은 침착하게 이들을 지휘한다. 결국 섀클턴은 27명의 대원과 함께 수많은 난관을 극복하고, 2년 만에 무사히 귀환한다.

불가능해 보이는 일을 가능케 한 것은 섀클턴의 자신감이었다. 그의 자신감은 곧 대원들의 자신감이 되었다. 섀클턴에게 반드시 살아서 돌아갈 수 있다는 자신감이 없었다면 그를 따르던 27명의 대원들은 뿔뿔이 흩어져 남극의 얼음 속에 갇힌 채 생을 마감했으리라.

훌륭한 리더가 되는 데 부족한 지식이나 상식은 공부하면 된다. 리더로서의 경험은 이제부터라도 쌓으면 된다. 일단 '나도 잘할 수 있다'는 자신감을 가져라. 그다음, 세 가지만 명심하면 당신도 훌륭한 리더가 될 수 있다.

**첫째, 책임감이 있어야 한다.**

**둘째, 개인의 이익보다는 전체의 이익을 생각해야 한다.**

**셋째, 희생정신이 있어야 한다.**

이 세 가지를 명심하고 지켜나간다면 리더에 대한 신뢰는 덤으로 따라붙을 것이다.

# 아껴야 할 돈과 아끼지 말아야 할 돈

K라는 친구가 있다. 이 친구는 집안이 부자여서 어려서부터 돈을 잘 썼다. 그렇다고 해서 물처럼 돈을 펑펑 쓴 것은 아니지만 여하튼 경제적인 문제로 곤란을 겪어본 적은 없었다. 결혼할 때는 부모가 직장과 가까운 여의도에 아파트를 한 채 사주었고, 거기다 증권사에 근무하고 있어서 경제적으로 여유로운 생활을 이어갈 수 있었다.

L이라는 친구가 있다. 이 친구는 똥구멍이 찢어지게 가난한 집안에서 8남매 중 여섯째로 태어났다. 중·고등학교에 다닐 때는 학비를 못 내서 수시로 교무실을 들락날락했고, 대학 다닐 때는 각종 아르바이트를 해서 학교를 다녔다. 졸업 후 K와 함께 증권사에 입사했지만 신혼생활은 변두리의 단칸 전세방에서 시작해야 했다.

부족함이 없는 K는 현재의 생활에 만족했다. 반면 L은 결코 현재

생활에 만족할 수 없었다. K가 퇴근 후 동료들과 당구장이나 술집으로 몰려다닐 때 L은 외국어학원으로 향했다.

30대 초반에 L은 직장을 그만두고 뒤늦게 유학을 떠났다. 전세금을 빼서 아내와 함께 유학을 떠나는 그를 보고 K는 혀를 찼다.

'쯧쯧, 돈이 썩어났군! 비싼 돈 들여 학위 하나 따서 뭣하겠다는 건지 도무지 이해할 수 없어.'

미국으로 떠난 L은 갖은 고생 끝에 6년 동안 법학을 공부하고는 국제변호사가 되어 돌아왔다. 그는 현재 M&A 전문 변호사로 활동하고 있다. 반면, K는 언제 해고될지 모르는 불안 속에서 하루하루를 지내고 있다.

돈은 벌기도 어렵지만 제대로 쓰기도 어렵다. 그래서 선진국에서는 어렸을 때부터 경제 활동을 가르친다.

한국인이 돈을 대하는 태도는 크게 세 가지다. 말끝마다 돈을 달고 살면서 돈을 벌기 위해 혈안이 되어 있는 사람, 돈 앞에서 지나치게 태연한 사람, 그 중간인 사람.

돈에 혈안이 되어 있는 사람은 왠지 천박해 보이고, 돈을 천시하거나 무시하는 사람은 위선자처럼 보인다. 그러다 보니 대다수 사람이 그 중간을 유지하려고 노력한다. 자본주의 사회이니만큼 돈의 중요성은 인정하지만 수단과 방법을 가리지 않고 돈 버는 행위만큼은 경계한다.

요즘 사람들은 한 번뿐인 인생을 즐기고 싶어 한다. 하지만 미래가 불안하다 보니 저축의 필요성 또한 절감한다. 아버지의 시대처럼 자린고비로 살고 싶지는 않고, 그렇다고 언제 해고될지도 모르는 상황에서 저축을 등한시할 수는 없다.

인생도 마음껏 즐기면서 저축할 수 있다면 금상첨화이지만 수입에 한계가 있다 보니 쉽지 않다. 그래서 대부분 적당히 즐기면서 적당히 저축할 수 있는 길을 선택하려 한다. 그러나 그 또한 쉬운 일이 아니다. 자칫 중심을 잃으면 가계부가 마이너스가 되거나 자린고비 소리를 듣게 된다.

돈은 모으기 위해서 버는 것은 아니다. 죽으면 개도 안 물어 가는 것이 돈이다. 돈은 편리한 삶을 살기 위한 수단에 불구하다. 과소비나 쓸데없는 곳에 돈을 쓰는 행위는 지양해야 하지만 지나치게 절약하면 생활에 윤기가 사라진다.

노후를 위해 저축하는 것도 중요하지만 돈을 아끼지 말아야 할 때가 있다.

**첫째, 능력 계발과 유학 등 미래에 대한 투자다.** 미끼값을 아까워하면 낚시할 자격이 없다. 제대로 미끼를 끼우지 않고서 고기가 잡히기를 바란다면 그는 현실과 동떨어진 몽상가일 뿐이다.

**둘째, 건강에 대한 투자다.** 젊고 의욕적인 사람일수록 건강에 대해서 방심하기 쉽다. 건강은 건강할 때 지켜야 한다. 젊다는 이유만으로 운동도 하지 않고 정기검진도 받지 않다가 뒤늦게 몸에 이상을 발견하는 사람이 적지 않다. 운동도 적성과 취향에 맞아야 즐겁게 할 수 있다. 시간도, 돈도 부족하다는 이유로 운동을 멀리한다면 반드시 후회하게 된다. 찾아보면 시간과 돈을 절약하면서 효과적으로 운동할수 있는 방법이 무수히 많다.

**셋째, 배우자에 대한 투자다.** 아내의 생일이나 결혼기념일을 그냥 지나치는 것은 한겨울을 난로 하나 없이 나려는 것과 진배없다. 돈이 아깝다면 아이디어를 발휘하라. 돈을 적게 쓰고 아내를 더 행복하게 해줄 수 있다면 그보다 더 좋은 것은 없다.

**넷째, 재교육비다.** 한 직장에서 오래 일하는 경우, 자신이 전문가라고 착각하기 쉽다. 하지만 대개는 같은 일을 반복해서 하기 때문에 시야가 좁아지거나 시대에 뒤떨어진다. 신기술이나 새로운 이론은 계속 쏟아진다. 차이가 더 벌어지기 전에 재교육을 받을 필요가 있다. 세미나에 꾸준히 참석하는 것도 재교육을 받는 방법 중 하나다.

**다섯째, 모임 참석에 드는 비용이다.** 파티 문화가 일반화되어 있지 않은 한국 사회에서 모임은 그리 많지 않다. 동창회 모임도 고작해야 1년에 몇 번뿐이다. 참석해봤자 잘나가는 놈들의 잘난 체하는 이야기만 귀 아프게 들을 수도 있다. 돈과 시간을 낭비한다는 느낌이 들겠지만 그래도 빠지지 말고 참석하라. 그래야만 시류를 꿰뚫는 정확한 시대 감각이 생긴다. 시대 감각은 때로는 자극이 되기도 하고, 때로는 좋은 아이디어를 낳는다.

# 부자가 되려면 시스템을 구축하라

오늘날 자동화 시스템은 필수가 되었다. 수동 생산은 인건비도 많이 들고 생산력에도 한계가 있기 때문이다. 초반 설비 비용이 많이 들지만 일단 자동화 시스템을 구축해놓으면 생산 비용이 절감된다. AI(Artificial Intelligence, 인공지능)의 발달로 여러 분야에서 자동화 시스템은 한층 가속화될 전망이다.

'석유왕' 록펠러는 "종일 일하는 사람은 돈 벌 시간이 없다"라는 명언을 남겼다. 세월이 흐를수록 그의 말은 점점 더 많은 사람의 공감을 얻고 있다.

부자가 되는 길도 마찬가지다. 아무리 월급을 많이 받아도 월급만 모아서는 결코 부자가 될 수 없다. 일할 때는 물론이고, 휴가를 가거나 병원에 입원해 있을 때에도 돈이 들어오게끔 자동화 시스템을 구축해야 한다.

부자들은 저마다 시스템을 갖고 있다. 그럼 시스템을 갖추기 위해서는 무엇이 필요한가?

**첫째, 자본이 있어야 한다.** 감을 따려면 장대가 있어야 하듯 투자를 하려면 자본이 있어야 한다. 일단 종잣돈 마련이 급선무다.

**둘째, 정보를 선점해야 한다.** 신문이나 방송을 통해 정보를 얻었을 때는 이미 늦은 뒤다. 남들보다 한발 빠르게 정보를 얻어야 한다. 그러기 위해서는 그 방면에서 일하는 전문가들을 알아둘 필요가 있다.

**셋째, 안목이 뛰어나야 한다.** 세상은 늘 변화한다. 시대 변화를 읽을 수 있는 안목이 있어야 한다. 어떤 사업이 전망이 좋을지 모르겠다면 한국보다 한발 앞선 일본을 여행하거나 싱가포르, 홍콩, 대만 같은 나라를 둘러볼 필요가 있다. 수박 겉핥기식의 여행이 아니라 그 나라의 경제 흐름을 알 수 있게끔 구석구석 돌아본다면 아이디어를 얻을 수 있다.

그럼 한국의 부자들은 어떤 시스템을 구축하고 있을까? 경우의 수가 많기 때문에 일반적인 시스템을 들자면 대개 이렇다.

**첫째, 부동산에 투자한다.** 아파트, 상가, 오피스텔, 토지를 구매해서 월세나 임대료를 받거나 시세 차익을 남긴다. 그들은 정보를 선점하기 위해 부동산 중개인은 물론이고 여러 방면의 전문가와 교류한다.

**둘째, 가게를 운영한다.** 가게를 운영하는 방법은 두 가지다. 첫째는 자신이 직접 운영하는 것이고, 둘째는 동업하는 것이다. 비교적 손이 덜 가는 사업은 자신이 직접 운영하고, 사람을 많이 다뤄야 하고 손이 많이 가는 일은 성실한 동업자를 구해서 함께한다. 돈을 벌고 싶어 하는 친인척이나 지인을 적절히 활용하는 경우가 태반이다.

**셋째, 주식, 펀드, 채권 등에 투자한다.** 한국의 부자들은 많은 돈을 금융 상품에 투자하지 않는다. 원금을 까먹는 일을 죽기보다 더 싫어하기 때문이다. 따라서 대대수가 원금 손실에 대비해서 헤지(Hedge, 위험 회피 또는 위험 분산)를 한다. 투자 경향도 위험부담이 높은 상품보다는 수익이 다소 떨어지더라도 안정적인 상품을 선호한다. 은행에 돈을 넣어두는 것보다 수익이 높으면 만족하는 경향이 있다.

**넷째, 자신의 일을 갖고 있다.** 다른 시스템이 마비되어도 일정한 수익을 올릴 수 있는 사업체를 운영하거나 직업을 갖고 있다. 드라마의 영향 때문인지 일반인 중에는 부자들이 빈둥거리며 돈을 번다고 착각하는 경향이 있다. 졸부가 아닌 이상 빈둥거리는 부자는 많지 않다. 부자 중 열에 아홉은 월급쟁이보다 더 부지런하다. 항상 돈 생각을 하면서 많은 일을 하고, 효율적인 시스템을 구축하기 위해 노력한다.

부자가 되고 싶은가?

그렇다면 이제부터라도 시스템을 구축하라. 시스템을 구축할 자본이 없다면 저작권이나 특허권에 관심을 가져라. 인세를 받거나 특허 사용료를 받는 것도 시스템의 일종이다.

하나의 시스템이 원활하게 돌아가면 다른 시스템을 가동시켜라. 혼자서 관리하기 힘들 정도로 시스템의 숫자가 늘어나면 통합을 시도하라. 그쯤 되면 당신은 부자 대열에 끼어 있을 것이다.

# 책을 안 읽는 사람은 진화를 포기한 것이다

스마트폰이 대중화되면서 독서 인구가 점점 줄고 있다. 물론 스마트폰으로 이북(e-Book)을 읽는 사람도 있지만 전반적인 독서량은 확실히 줄었다.

일본의 전 총리 고이즈미 준이치로는 "책을 읽고 사물을 생각하는 사람과 그렇지 않은 사람은 얼굴에 분명한 차이가 있다"라고 했다.

길을 걸으면서 사람들의 얼굴을 보고 맞춰보라. 주변 사람들의 얼굴을 유심히 살펴보라. 누가 책을 읽고 사물을 관찰하며, 그것의 본질이나 이면을 생각하는 사람인지…….

책을 많이 읽은 사람에게서는 품격이 느껴진다. 말없이 가만히 있어도 얼굴과 몸짓에서 삶의 깊이가 느껴진다. 책을 전혀 읽지 않은 사람은 고급스런 옷을 입고 있어도 왠지 경박해 보인다.

인류 문명을 이끌어온 가장 거대한 에너지는 기록 문화다. 기록 문화를 갖고 있는 동물은 인간뿐이다. 다른 동물들은 기록 문화가 없기에 비슷한 경험을 되풀이하다가 죽는다. 반면, 인간은 기록 문화를 통해 진일보할 수 있었다.

인류 역사는 길다. 고작 100년을 사는 인간이 우주의 생성 과정에서부터 현재에 이르기까지의 전 과정을 체험해볼 수는 없다. 그러나 책을 통하면 간접 체험이 가능하다. 내가 어떻게 해서 현재 여기 섰는지 가늠해볼 수 있다.

진화론대로 인간이 계속 진화해왔다면 인간은 지금도 진화하고 있는 중이다. 그 진화를 가능케 한 것이 기록 문화이며, 책과 같은 지식의 전달체다.

한 사람의 체험과 지식은 그가 죽음으로써 사라지는 것이 아니다. 유전자 속에 고스란히 새겨지고 그 유전자는 다시 자식을 통해 전달된다. 그래서 역사가 흐를수록 현명한 인류가 탄생한다. 현재 우리의 유전자 속에는 인류가 살아온 모든 흔적이 새겨져 있다.

훗날 과학이 더욱 발달하면 인간은 '지식병원'에 가서 레이저 같은 걸로 뇌 속에 한꺼번에 지식을 심거나, 알약 먹듯 방대한 지식이 담겨 있는 캡슐을 삼키게 될지도 모른다. 물론 아직까지는 멀고도 먼 이야기다.

중국의 주나라에서부터 송나라 때까지의 한시와 주옥같은 문장을 수집하여 분류해놓은 《고문진보》에 이런 문장이 실려 있다.

'가난한 사람은 책으로 인해 부자가 되고, 부자는 책으로 인해 존귀하게 된다.'

독서는 인생을 살아가는 데에서 중요한 무기다. 그 안에 삶의 지혜가 담겨 있고, 경험해보기 전에는 결코 알 수 없는 인생의 교훈이 담겨 있고, 혼자서 공부해서는 절대 깨닫지 못할 방대한 지식이 담겨 있고, 내일을 예측 가능하게 하는 미래 정보가 담겨 있다.

책을 통하면 최소한의 비용으로 단시간 내 최대한의 효과를 낼 수 있다. 고작 몇만 원만 투자하면 지구 반대편의 전문가를 만나게 해주니 얼마나 편리하고 고마운가.

눈에 흙이 들어갈 때까지 손에서 책을 놓지 마라.

살아 숨 쉬는 동안 계속 책을 읽고, 진화해 나아가라. 지식정보화 시대에서의 성공은 새로운 정보를 꾸준히 습득하며 진화를 꿈꾸는 사람들의 몫이다.

HABIT

# 28

## 승자가 될 것인가, 패자가 될 것인가?

이야기 하나.

어린이 A와 B가 있다. A는 돼지 저금통을 갖고 있고, B는 돼지 저금통이 없다. A는 동전이 있으면 저금을 하고, B는 동전을 모아서 사용한다.

작은 습관이지만 A는 B보다 성공할 가능성이 높다. 자식이 성공하기를 바란다면 지금 당장 저축하는 습관을 기르게 하라.

이야기 둘.

C가 친구와 만나기로 약속을 했다. 약속 장소로 가는데 버스가 늦게 왔다. C는 약속 시간을 어겼다.

"미안하다. 오늘따라 버스가 늦게 오는 바람에……."

D가 친구와 만나기로 약속을 했다. 버스가 늦게 와서 D는 약속 시

간을 어겼다.

"미안하다. 내가 좀 더 서둘렀어야 하는데……."

일상에서 흔히 보는 풍경이다. 여러 조건이 비슷하다면 D는 C보다 성공할 가능성이 높다. 버스는 늦게 올 수도 있고, 빨리 올 수도 있다. 버스를 탓하는 사람은 나중에 '도로가 정체되어서', '안개 때문에 비행기 이륙이 늦어져서'라고 변명한다.

겉으로 드러난 현상보다는 본질적인 문제를 찾아서 해결하려고 노력할 때 발전한다. 대다수 사람이 같은 실수를 반복하는 이유도 겉으로 드러나는 현상에만 집착하기 때문이다. 삶을 개선하려면 원인을 찾아서 해결하려는 노력이 수반되어야 한다. 그래야만 결과가 바뀐다.

성공과 실패는 아주 작은 차이로 뒤바뀐다. 성공하려면 좋은 습관을 꾸준하게 내 것으로 만들어가야 한다.

영국의 낭만주의 시인 바이런은 "자고 일어나니 유명해졌다"라고 했다. 그러나 그것은 어디까지나 상징일 뿐이다.

물론 타인들이 들인 노력에 비해서 너무 쉽게 성공하는 사람도 있다. 그러나 그런 사람일수록 빨리 추락할 가능성이 높다는 사실을 항상 염두에 두어야 한다.

높은 산일수록 눈에 띈다. 봉우리만 올려다보고 있으면 누구나 오를 것 같지만 막상 도전해보면 수많은 난관이 숨어 있다. 정상을 정복하려면 반드시 이루고야 말겠다는 각오, 치밀한 계획, 꾸준한 자기 혁신, 부단한 노력을 기울여야 한다.

인생이라는 무대에서 조연이 아닌 주연으로 살아가고 싶다면 시키는 일만 처리하며 수동적인 삶을 살아서는 안 된다. 자기 주도적인 능동적 삶을 살 때 비로소 내 인생의 주인공이 될 수 있다.

아무리 몸에 좋은 약이 있을지라도 복용하지 않으면 소용없다. 성공을 위한 훌륭한 조언을 들었더라도 실천하지 않으면 부질없다.

다음 장을 읽기 전에 눈을 감고 자문해보라.

"인생의 승자가 될 것인가, 패자가 될 것인가?"

이래도 좋고 저래도 좋다면 책을 덮어라. 성공하면 좋겠지만 성공이 막연하게만 느껴진다면 책을 덮어라. '내가 과연 성공할 수 있을까?' 하는 회의감이 '나는 반드시 성공한다!'는 확신으로 바뀔 때까지 책 읽기를 보류하라.

실천하지 않는다면 이 책에 나온 내용은 한낱 잔소리에 불과하다. 무질서한 나의 삶을 개선할 의지가 있고, 성공할 수 있다는 확신이 섰다면 다음 장을 펼쳐라.

당신은 성공을 향해 점점 다가가고 있다.

# GOOD
# HABIT

# 성공을 향한
# 선택

# 재치와 유머 있는 사람이 리더가 된다

오찬 자리에 엘비스 프레슬리 복장으로 나타나고 토끼 분장을 한 채 출근하는 CEO, 웨딩드레스를 입고 나타나 직원을 깜짝 놀라게 하는 CEO, 선풍기 바람으로 직원들의 이름이 적힌 쪽지를 날려서 가장 멀리 날아간 사람을 과장으로 승진시킨 CEO.

기상천외한 행동을 과감히 저지르는 이들은 실제로 존재하는 인물로서 사우스 웨스트 항공사 전 CEO 허브 켈러허, 버진그룹 회장 리처드 브랜슨, 일본 미라이사 그룹의 이사 야마다 아키오 등이다. 이들은 괴짜 외에도 '경영의 천재'라는 공통점이 있다.

원시 시대에는 힘이 강한 사람이 리더였다. 사냥할 때 가장 큰 공을 세우기 때문이다. 그렇다면 현대의 리더는 어떤 사람일까?

100명이 있다고 가정해보자. 거기서 리더 하나를 뽑아야 한다. 일을 추진하는 능력이 서로 엇비슷하다면 어떤 사람이 뽑힐까?

이에 대한 해답은 초등학교 반장 선거나 회장 선거를 들여다보면 알 수 있다. 조건이 비슷한 경우라면 인기 있는 아이가 뽑힌다.

그 아이는 어떻게 인기를 얻었을까? 공부를 잘해서? 그것도 맞지만 대개는 재치와 유머 있는 학생이 인기가 높다. 그래서 아이들의 연설문에 약방의 감초처럼 빠지지 않는 것이 우스갯소리다.

정치인이나 CEO 중에는 엄숙해 보이는 사람이 많다. 그러나 엄숙해 보이는 사람일수록 가까이서 대화를 나눠보면 재치와 유머가 뛰어나다.

어떻게 보면 엄숙과 유머는 동전의 양면 같은 것이다. 엄숙함만으로는 아랫사람을 제대로 부릴 수 없다. 엄할 때는 서릿발 같지만 자상할 때는 봄볕 같다는 인식이 박혀야만 아랫사람이 능력을 발휘할 수 있다.

회사나 사회에서 능력을 인정받고 있는 사람 중 의외로 재치나 유머가 부족한 이가 많다. 항상 긴장해 있다 보니 강약 조절을 못하기 때문이다. 그 밑에서 일하는 사람들은 숨조차 제대로 쉬지 못한다. 보이지 않는 불평불만이 쌓일 수밖에 없다.

멋진 인생을 살기 위해서는 강약 조절이 필요하다. 프로 선수들도 훈련할 때 강약 조절을 한다. 하루나 이틀 강하게 운동했으면 다음 날은 가볍게 운동하는 식이다. 그래야 부상을 입지 않고 운동 효과를 극대화할 수 있다.

업무 역시 강약 조절을 해야 한다. 인간은 기계가 아니다. 계속 강하게만 밀어붙이면 능률도 떨어지고 심신도 금방 지친다. '월화수목금금금'으로 일하는 사람은 회사에서는 인정받을지언정 오래 버티지는 못한다. 승승장구하며 한창 일할 즈음이면 건강에 이상이 찾아오기 때문이다.

훌륭한 CEO, 코치 들은 강약 조절을 잘한다. 강하게 몰아붙일 때는 몰아붙이고, 쉴 때는 푹 쉬게 한다. 이를 위해 반드시 필요한 것이 재치와 유머다. 재치와 유머는 뇌에 휴식과 여유를 안겨주고, 삶에 활력을 불어넣는다.

독일의 심리학 박사 롤프 메르쿨레는 "천재는 노력하는 사람을 이길 수 없고, 노력하는 사람은 즐기는 사람을 이길 수 없다"라고 했다. 숨 쉴 틈도 없이 긴박하게 돌아가는 비즈니스 현장에서 재치와 유머를 발휘할 수 있다는 것은 자신감 있고 일을 즐긴다는 방증이다.

재치나 유머는 타고나는 것이 아니다. 개그맨 정도는 아닐지라도 누구든 노력하면 주변 사람의 웃음을 끌어낼 수 있다. 성격 자체가 무뚝뚝하다고 해서 걱정할 필요는 없다. 평소 엄숙한 사람은 약간의 재치나 유머만 발휘해도 주변의 분위기를 한순간 반전시킬 수 있다.

청춘 남녀가 만나서 쉽게 사랑에 빠지는 이유도 웃음 때문이다. 별것도 아닌 일로 웃다 보면 그 사람이 좋아진다. 웃음은 경계심을 무장 해제시키고, 처음 만난 사람일지라도 친근한 이웃처럼 보이게 만든다.

아무리 엄숙한 상황이라도 재치와 유머를 잃지 마라. 그것이 당신을 즐겁게 일하는 진정한 리더로 만들어줄 것이다.

# 성공의 문을 여는 키, 열정

성공한 사람들에게 비결을 하나만 꼽으라고 하면 대대수가 열정을 선택한다. 열정은 성공의 비밀이요, 성공의 결정체다. 열정은 말하기도 쉽고 듣기도 좋지만, 막상 마음먹고 내가 시도해보면 빠져들기가 쉽지 않다. 열정이라는 것 자체가 인위적이라기보다는 자연 발생적이기 때문이다.

농사 초보자들은 논에 벼를 심고 밭에 씨를 뿌리기만 하면 저절로 자라는 줄 안다. 그러나 저절로 자라는 건 없다. 제대로 된 수확을 하기까지는 여러 조건이 갖춰져야 하고, 엄청난 땀방울을 흘려야 한다.

마음속에서 열정이라는 꽃이 시들지 않고 꾸준히 자라게 하기 위해서는 최소한 네 가지 조건이 갖춰져야 한다.

**하나, 성공에 대한 확신이 있어야 한다.**

'이길 수 있다!'고 확신하는 사람과 '이길 수 있을까?' 하고 회의하는 사람이 시합을 한다면 승리할 확률은 전자가 훨씬 높다. 확신이 없으면 몸이 제대로 움직여주지 않는다. 반면, 확신이 있으면 컨디션도 좋아져서 실력 이상을 발휘하기도 한다.

성공 확신이 있어야 열정이 생긴다. 마음속에서 자꾸만 '성공할 수 있을까?', '아냐, 난 어쩌면 괜한 짓을 하고 있는 건지도 몰라!' 하며 수시로 브레이크를 걸어서는 일에 대한 열정이 생길 수 없다.

**둘, 적성에 맞아야 한다.**

아무리 노력해도 지겨운 일이 있다. 온갖 수단을 동원해도 열정이 생기지 않는다면 적성에 맞지 않는 일이다. 지금 당장 방향을 틀어라. 인생은 헛된 곳에다 시간을 낭비해도 좋을 만큼 길지 않다.

성공하는 사람은 누가 시키지 않아도 자발적으로 밤늦게까지 일한다. 심지어 사랑하는 사람과의 만남까지도 까맣게 잊어버린 채 일에 몰두한다. 열정은 생각이나 의지만으로 불타오르지 않는다. 일에 대한 흥미 없이는 불가능하다. 흥미는 어느 정도 적성에 맞을 때 생기고, 적성이 맞아야 열정이 생긴다.

**셋, 한계점을 뛰어넘는 재능이 있어야 한다.**

노력은 재능을 뛰어넘는다. 하지만 똑같이 노력한다고 가정한다면 결국 탁월한 재능을 지닌 사람이 성공할 수밖에 없다.

적성에 맞고 재능 또한 있어서 남들보다 잘하는데, 그 이상 발전하지 못하는 사람이 있다. 특히 스포츠나 예술 분야 쪽에 이런 사람이 많다. 왜냐하면 한계점을 뛰어넘을 만큼 재능이 특출하지 못하기 때문이다.

축구 선수 B는 초등학교, 중학교, 고등학교 때까지 학교에서 센터포드를 맡았다. 초등학교 때에는 '축구 신동' 소리를 듣기도 했다. 그의 재능은 주변 사람들도 인정했고, 그 역시 자신에게 특출한 축구 재능이 있다고 생각했다.

그러나 중학교, 고등학교로 올라갈수록 그의 재능은 점점 빛을 잃어갔다. 전국 대회에 나가면 실력이 엇비슷한 친구가 널려 있었고, 훨씬 뛰어난 실력을 지닌 친구도 간간이 발견할 수 있었다. 현실이 그러다 보니 B의 학교는 대회에서 뛰어난 성적을 내지 못했다. 또한 그 역시 인상적인 활약을 펼치지 못했다. 특기생으로 입학하려 했으나 대학은 그를 외면했고, 실업팀에서도 받아주지 않았다. 결국 B는 꿈을 중도에 포기해야만 했다.

성공은 높이뛰기와 같다. 처음에는 바가 낮기 때문에 어느 정도의 재능과 노력만 있으면 뛰어넘을 수 있다. 그러나 바가 점점 높이 올라가면서, 점점 더 많은 사람이 바를 건드리고 탈락한다. 어느 정도의 시간이 흐르고 나면 세상 사람들이 인정하는 '성공의 높이'를 뛰어넘은 사람은 고작 몇몇에 불과하다.

한계점을 뛰어넘는 재능을 갖고 있는지, 그저 단순한 재능인지를 구별하기란 쉽지 않다. 처음에는 재능이 없어 보였는데 부단히 노력해서 특출한 재능을 보이기도 하고, 특출한 재능을 지닌 것처럼 보였는데 시간이 흘러 평범한 재능으로 전락하기도 한다.

오랫동안 외길을 걸어왔음에도 그 방면에서 전혀 빛을 보지 못했다면 한계점을 뛰어넘는 재능을 갖지 못했다고 봐야 한다. 처음의 뜨

거뒀던 열정도 많이 식었으리라. 나이가 많든 적든 간에 아직 기회는 있다. 지금이라도 방향을 선회하는 게 바람직하다. 당신의 외골수적인 성격 때문에 다른 분야에서 빛을 발휘할 수 있는 특출한 재능이 파묻혔는지도 모른다.

**넷, 비전이 있어야 한다.**

일을 하는 데에서 보수도 중요하지만 그보다 더 중요한 것이 미래 전망이다. 비록 지금은 보수가 적을지라도 비전만 있다면 열정이 생긴다. 비전은 현실의 어려움을 잊게 함과 동시에 일에 매진하게 만드는 일종의 당근이다.

인간의 육신은 현재를 살아간다. 그러나 뇌만큼은 미래를 살아가고 있다. 미래는 이내 현재가 되지만 뇌는 미래를 향해서 하염없이 걸어간다. 죽음의 장벽이 앞을 가로막아서 더 이상 생각할 수 없을 때까지!

자, 현재 하고 있는 일에 열정을 느낄 수 없다면 다시 한 번 돌아보라.

성공에 대한 확신이 있는가? 나의 적성에 맞는가? 한계점을 뛰어넘는 특출한 재능이 있는가? 비전이 있는 일인가?

확신도 있고, 적성에도 맞고, 비전도 있는데 재능에 대한 확신이 서지 않는다면 크게 걱정하지 않아도 된다. 열정은 그 부족함을 채우기에 충분하다.

# 어려운 상황이 닥치면 질문을 던져라

일을 추진해가다 보면 반드시 어려운 상황에 직면한다. 상황을 돌파하는 방법에는 여러 가지가 있다. 성공하는 사람이 주로 사용하는 방법은 질문을 던지는 것이다.

**하나, 자신을 향해서 질문을 던져라.**

질문은 그 안에 자체적인 답을 품고 있는 경우가 대부분이다. 끊임없이 묻고 또 물어라. 뱀이 허물을 벗듯 무수히 질문을 던지는 사이에 답으로 슬그머니 변신하기도 한다.

**둘, 동료에게 질문을 던져라.**

스스로 해결하려고 노력했지만 혼란스러울 때는 동료나 상사에게 질문하라. 동료, 상사는 이미 그 질문에 대한 답을 알고 있을지도 모른다. 당신이 자존심 상해할까 봐 물어오기만을 기다리고 있는지도 모른다.

인간은 비슷하다. 비슷한 상황에서 실수하고, 비슷한 상황에서 벽에 부딪힌다. 동료나 상사 역시 과거에 비슷한 상황에 처했을 수도 있다. 그도 아니라면 비슷한 상황에 처한 사람을 가까이서 지켜봤을 수도 있다. 그들의 조언이나 경험담은 당신이 난관을 헤쳐 나아가는 데 결정적인 열쇠가 될 수 있다.

**셋, 전문가에게 질문을 던져라.**

그래도 해결할 수 없을 때는 전문가를 찾는 게 좋다. 전문가에게는 수준 높은 질문을 던져야 한다. 대화란 질문의 높낮이에 따라 그 질이 결정된다. 수준 높은 질문은 수준 높은 답을 이끌어낸다.

질문을 던지면 전문가는 당신이 간과했던 부분을 짚어줄 것이다. 아니, 어쩌면 당신이 예상했던 빤한 대답을 해줄 수도 있다. 그런 경우라면 해답은 그 빤한 대답 속에 들어 있을 확률이 높다.

**넷, 전혀 다른 계통에 있는 사람에게 질문을 던져라.**

전문가까지 찾아갔는데도 답을 얻지 못했다면 대개는 이미 답을 알고 있다고 생각하면 된다. 단지 확신하고 있지 못할 뿐!

리모컨 등의 물건을 잃어버려 찾다 보면 세탁기 속이나 전자레인지 같은 전혀 엉뚱한 곳에서 발견되기도 한다. 마찬가지로 엉뚱한 곳에서 답을 찾을 수도 있다. 그 일에 대해서 전혀 모른다고 무시해버리면 안 된다. 겉보기에는 전혀 다른 일 같지만 자세히 들여다보면 서로 관련되어 있는 일들이 의외로 많다.

세상에는 무수히 많은 질문이 있고, 또 그만큼 많은 답이 있다. 그러나 완벽한 정답은 많지 않다. 질문을 던진 이가 만족한다면 그것이 정답인 경우가 태반이다.

인생은 수학 시험이 아니다. 굳이 혼자의 힘으로 문제를 해결하려고 끙끙대지 마라. 혼자서 풀다 안 되면 다른 사람에게 도움을 요청할 줄도 알아야 한다. 그래야 시간과 경비를 아낄 수 있다.

# 가장 하기 싫은 일부터 먼저 하라

시험공부를 할 때 성적이 중하위권인 학생은 좋아하는 과목부터 공부한다. 그러다 시간에 쫓기면 싫어하는 과목은 과감하게 포기해 버리고 시험을 본다. 아예 손조차 대지 못한 과목이 있으니 시험에 자신이 있을 리 없고, 공부가 좋을 리 없다.

반면 성적이 상위권인 학생은 싫어하는 과목부터 공부한다. 평상시에 처진다고 생각했던 과목부터 점령해가는 것이다. 시작하기도 힘겹고 공부하는 과정도 힘겹다. 그러나 일단 끝내고 나면 자신감이 생겨서 나머지 과목을 공부하는 건 땅 짚고 헤엄치기다.

업무를 처리할 때 우선순위는 업무의 중요도에 있다. 직장인의 경우 업무 시간이 한정적이므로 가장 중요한 일을 우선 처리하는 게 바람직하다. 그러나 업무의 중요도가 비슷한 일이라면 하기 싫은 일부터 먼저 처리해야 업무 효율도 높고 정신 건강에도 이롭다.

주인 의식이 부족한 사람은 일단 자기가 좋아하는 일부터 처리한다. 싫어하는 일은 최대한 뒤로 미룬다. 그렇게 며칠 지나면 모든 게 엉망진창이 된다. 일은 많이 했는데 정작 중요한 일을 빼놓았기 때문이다.

주인 의식이 확실한 사람은 어차피 해야 할 일, 가장 하기 싫은 일부터 해치운다. 최대한 집중해서 그 일을 처리하고 나면 몸도 마음도 홀가분해진다. 다른 일을 처리할 때는 일하는 보람도 느끼고, 능률도 오른다.

어떤 분야든 성공하기 위해서는 주인 의식은 필수다. 최근 많은 직장인이 스스로를 노예라고 표현하고, 수많은 톱니바퀴 가운데 하나일 뿐이라며 스스로를 비하한다. 그러다 보니 '적당히'를 추구한다. 일은 상사에게 욕먹지 않을 정도로만 하고, 대인관계도 업무를 처리하는 데 필요한 정도만 유지한다. 이런 부류의 사람들은 평생 남 밑에서 일을 해야지 자기 사업을 하면 실패 가능성이 높다. 자신도 모르는 사이에 적당주의가 몸에 배어 있기 때문이다.

시험 문제에도 난이도가 있듯, 일도 어려운 일이 있고 쉬운 일이 있다. 어려운 일은 대개 시간만 많이 잡아먹고, 잘해도 생색이 나지 않지만 누군가는 반드시 해야 하는 일이다.

어린아이는 맛있다고 사탕이나 초콜릿만 찾아 먹는다. 힘들지 않은 일, 좋아하는 일만 골라서 한다면 몸만 어른이지 어린아이와 별반 다를 바 없다. 귀찮더라도 꼭 해야 할 일이라면 하기 싫은 일을 먼저 처리하는 습관을 길러야 한다. 그래야 면역력이 생겨서 웬만한 일은 일 같아 보이지 않는다.

사람을 만날 때도 마찬가지다. 여러 사람을 만나야 한다면 싫은 사람부터 먼저 공략하는 게 바람직하다.

대개 좋아하는 사람을 만나러 갈 때는 무방비 상태로 가고, 싫어하는 사람을 만나러 갈 때는 나름대로 준비를 해서 간다. 싫어하는 사람과의 일이 잘 풀리면 기분이 좋기 때문에 좋아하는 사람과의 일 또한 잘 풀릴 수밖에 없다. 싫어하는 사람과의 일이 안 풀렸을 경우에는 좋아하는 사람과 만나러 갈 때 마음의 준비나 각오도 새롭게 하기 때문에 일이 잘 풀리게 된다.

사실, 좋아하는 사람을 공략하는 일은 누구나 할 수 있다. 성공이냐, 실패냐를 가르는 것은 싫어하는 사람을 어떻게 효과적으로 공략하느냐에 있다. 적군을 아군으로 끌어들일 수 있다면 그 싸움은 해보나 마나다. 전쟁에서 아군을 독려하는 것도 중요하지만 적군을 아군으로 포섭하는 일도 그 못지않게 중요하다.

미국은 전쟁을 치르면 공격과 포섭 작전을 동시에 수행한다. 걸프 만 전쟁에서도 그랬고, 파키스탄에서 오사마 빈 라덴을 사살할 때도 그랬다. 폭격이나 침투 작전이 효과를 거두기 위해서는 정확한 정보가 우선되어야 하기 때문이다.

하기 싫은 일은 먼저 하고, 싫어하는 사람을 먼저 만나라!

그러나 무작정 시작하지 말고 계획을 먼저 세운 뒤에 시작하라. 싫어하는 사람을 만날 때도 무작정 만나지 말고 사전 작업을 하라. 미리 그 사람의 최근 동향이나 심리 상태를 파악한 후에 만나면 대화하기도 편하고, 내가 원하는 쪽으로 대화를 이끌어갈 수 있다.

# 단순화시켜라

사업설명회에 자주 참석하다 보면 성공 가능성이 높은 사업과 그렇지 못한 사업을 간단하게 구분할 수 있다. 투자자가 몰리는 사업은 단순하다. 한마디만 듣고도 어떤 사업인지 이해할 수 있다.

주최 측의 설명이 길어지는 사업은 다 듣고 나면 그럴듯할지라도 성공 가능성은 낮다. 기획 자체가 잘못되었거나, 사업 아이템 선정에 문제가 있거나, 비즈니스 모델 설정이 잘못된 경우다.

베스트셀러가 된 소설이나 흥행에 성공한 영화를 돌아보라. 한마디로 작품을 설명할 수 있으며, 듣고 나면 은근히 흥미가 동한다.

아예 한술 더 떠서 설명 자체가 필요 없는 작품도 등장했다. 〈시간을 달리는 소녀〉, 〈눈 먼 자들의 도시〉, 〈창문 넘어 도망친 100세 노인〉처럼 제목만 봐도 전체적인 내용을 어렵지 않게 짐작할 수 있다.

비즈니스도 다이어트가 필요하다. 군살을 최대한 제거할수록 성공 가능성이 높아진다. 인간의 뇌 자체가 예측 불가능한 복잡한 세계보다는 예측 가능한 단순한 세계를 추구하기 때문이다.

예전에는 가전 제품을 사면 부록으로 책을 한 권씩 줬다. 제품의 명칭 및 기능, 사용법, 주의 사항, 고장에 대처하는 방법 등등이 실려 있는 사용설명서다. 두툼했던 사용설명서는 세월이 흐르며 점점 얇아졌고, 이제는 한 장으로 대체되거나 아예 사라져버렸다. 이런 현상은 소비자가 똑똑해져서가 아니라, 제품 자체가 심플해져서 설명할 필요가 없기 때문이다.

휴대전화 역시 마찬가지다. 현재 제품의 크기를 다윗에 비유한다면 초창기 제품은 골리앗이었다. 요즘 소비자의 시선으로 보면 망치 대용으로도 사용할 수 있을 것처럼 부피도 컸고 무거웠다. 그러나 해가 갈수록 외형이 심플해졌고, 작동법도 단순해졌다. 굳이 사용설명서를 들여다보지 않아도 이것저것 만지작거리다 보면 어떤 기능이 담겨 있고, 어떻게 사용해야 하는지 알 수 있다.

초보 사업가일수록 생각이 많다. 이것도 해보고 싶고, 저것도 해보고 싶다. 그러나 막상 시도해보면 비용만 많이 들 뿐 효과는 그리 높지 않다.

음식점만 해도 그렇다. 성공하는 음식점은 대개 전문점이다. 주인은 메뉴가 다양할수록 손님이 많을 거라고 착각하지만 고객 입장에서는 메뉴가 다양하면 맛을 의심할 수밖에 없다.

업무도 다이어트가 필요하다. 최대한 단순화시켜라. 일단 회의 횟수와 시간을 줄여라. 기획안 작성에서부터 결제에 이르기까지 업무 체계를 단순화시켜라. 시간이 절약되고, 비용은 경감되며, 업무 효율은 높아진다.

'두 마리 토끼를 쫓지 마라'는 속담이 있다. 욕심 부리면 한 마리도 못 잡을 수 있다는 경고가 담겨 있다. 인간의 뇌는 멀티플레이를 잘하지 못할뿐더러 싫어한다. 인류가 살아오면서 숱하게 겪었던 경험에 의해서, 어떤 결과가 나올지 너무도 잘 알기 때문이다.

비즈니스뿐만 아니라 삶조차도 단순화시켜라.

대다수 사람이 쓸모없는 일과 쓸데없는 고민을 하며 하루를 보낸다. 행복해지기 위한 몸부림이다. 그러나 행복은 의외로 단순한 삶속에 깃들어 있다.

HABIT

# 06

## 풀리지 않을 때에는 눈높이를 바꿔라

세상을 살아갈 때도 마찬가지지만 일을 할 때도 어느 정도 고집은 있어야 한다. 그래야만 일관되게 일을 추진해 나아갈 수 있다.

그런데 문제는 고집이 지나칠 때 발생한다. 일을 하다 벽에 부딪혔다면 다른 쪽 방향도 모색해봐야 한다. 정면 돌파만 고집하다가는 시간도 많이 뺏기고 돈도 많이 들여야 한다. 자칫하면 파산할 수도 있다.

주식 투자자 가운데 쓸데없는 고집을 부리다 깡통 차는 사람도 적지 않다. 주가가 폭락하고 있는데도 손해 보고는 팔지 않겠다고 고집을 피운다. 물론 상장 폐지를 걱정하지 않아도 되는 우량주라면 주가는 언젠가는 다시 오른다. 그러나 문제는 그때까지 기다릴 인내력을 지닌 사람은 극소라는 데 있다. 대다수는 버티고 버티다가 바닥을 칠 즈음에 공포를 이기지 못하고 팔아버린다.

주가가 폭락해서 정해놓은 손절 라인을 넘어서면 일단 파는 게 좋다. 그래야 더 큰 손실을 줄일 수 있고 만회할 기회를 엿볼 수 있다. 쓸데없이 고집 부리다 주가가 반 토막이 나서야 팔아버리면 자신감을 잃게 된다. 본전 생각에 망연자실해 있다가 상승장이 와도 올라탈 기회마저 놓치고 만다.

성공을 향해 가는 길에는 외나무다리가 여러 개 놓여 있다. 빨리 건너는 것도 중요하지만 전체적인 균형을 잘 잡아야 한다. 그래야만 천 길 낭떠러지로 떨어지지 않는다. 위기의 순간에는 걸음을 늦출 줄도 알아야 하고, 다리가 미끄러워 보이면 시간과 비용이 더 들더라도 돌아갈 줄도 알아야 한다. 고집스럽게 '전진!'만 부르짖을 일이 아니다.

사람은 자기 입장에서만 바라보고 생각하는 습관이 있다. 그 대표적인 예가 노사관계다. 상대방의 입장을 고려하지 않고 서로 목소리만 높이다 보면 충돌할 수밖에 없다. 역지사지의 정신이 필요하다. 서로 입장을 바꿔놓고 생각할 줄 알아야만 상호 만족할 만한 결과를 도출해낼 수 있다.

장사도 마찬가지다. 잘되던 장사가 매출이 계속 줄면 시선을 바꿔볼 필요가 있다. 잘되던 시절만 생각하고 있다가는 망하고 만다. 일정한 매상을 올려야 하는 주인의 입장이 아닌, 손님의 입장에서 가게를 돌아보면 여러 문제점을 발견할 수 있다.

그래도 문제점을 찾을 수 없다면 경쟁자의 입장에서 바라보라. 가게 손님을 빼앗겼다고 화내고 있기보다는 경쟁자의 가게가 어떻게 손님의 마음을 훔쳤는지 연구하라. 우리 가게는 길목도 괜찮고, 실내

장식도 괜찮고, 음식도 맛있고, 가격도 괜찮으니까 조만간 손님이 돌아올 거라고 생각한다면 위기의식이 둔한 사람이다. 아무 문제가 없는데 장사가 안 된다면 그것보다 더 큰 문제는 없다.

장사가 안 되면 대개 주변 가게를 기웃거린다. 주변 가게 역시 장사가 신통치 않다는 걸 확인하고 나면 위기감을 느끼기보다는 경기 탓으로 돌리며 마음의 위안을 얻는다. 장사가 안 된다고 해서 경기 탓만 한다면 성공할 가능성은 거의 없다.

부자들은 이렇게 말한다.

"호경기에 돈 버는 사람은 헤아릴 수 없죠. 하지만 불경기에 돈 버는 사람은 많지 않아요. 불경기라고 해서 모든 장사가 안 되는 건 아니거든요. 찾아보면 되는 장사가 있어요."

그들은 또 이렇게 조언한다.

"옥상에서 세상을 바라보면 느낌이 달라요. 맨홀 속에서 세상을 바라보면 또 그 느낌이 다를 거예요. 마찬가지로 여러 각도에서 자신이 추진하는 사업을 바라볼 필요가 있어요. 그래야 어떻게 접근하는 게 가장 효과적인지 알 수 있거든요."

현금 10억 원을 가진 부자도 100억 원을 가진 부자와 비교하면 상대적 빈곤감을 느낀다. 현금 1억 원을 가진 사람은 천만 원을 가진 사람을 보면 상대적 만족감을 느낀다. 어떤 시점에서 바라보느냐에 따라서 마음도 시시각각 변한다.

일이 뜻대로 풀리지 않을 때는 쓸데없는 고집 부리지 말고 유연하게 대처하라. '-탓'만 하지 말고, 육신의 눈높이도 바꿔보고 마음의 눈높이도 바꿔보라. 그러다 보면 얽히고설킨 매듭이 쉽게 풀린다.

# 적은 돈을 밝히지 마라

사업하든 직장을 다니든 간에 일을 하다 보면 소위 '공돈'을 만나게 된다. 약간은 찜찜하지만 받아도 뒤탈이 없는 돈이다.

대응 방법 또한 제각각이다. 적은 돈은 아예 거들떠보지도 않는 사람이 있는가 하면, 적은 돈을 유독 밝히는 사람이 있다. 왠지 그런 사람은 그 생활에 닳고 닳은 인상을 준다. 평생 그 일만 하다 끝날 것 같다. 그런 사람은 이미지가 깨끗하지 못해서 돌아서면 이내 잊어버린다.

김영란법이 시행되고 나서 기자에게 촌지를 건네는 문화는 사라졌다. 그러나 내가 기자생활할 때는 촌지를 주는 것이 일종의 관행이었다.

돈푼깨나 있는 사람은 취재가 끝나면 당연하다는 듯이 돈 봉투를 건네곤 했다. 아무래도 기사를 쓰기 전에 받는 돈은 찜찜하다. 덜컥 받았다가 기사가 마음에 들지 않아 거칠게 항의해 오면 망신살이 뻗칠 수도 있다.

혼자 취재를 가면 그래도 나은데 카메라 기자와 동행하는 경우에는 난감할 때가 많다. 촌지를 받으면 카메라 기자와 나눠야 하기 때문에 거절할 때도 은근히 카메라 기자의 눈치를 보게 된다.

많든 적든 간에 촌지를 받으면 공정한 기사를 쓸 수 없다. 중심을 잡고 쓰려고 해도 마음은 슬그머니 한쪽으로 기운다.

그런데 더러는 기사가 나간 뒤에 돈 봉투를 보내는 사람이 있다, 감사의 표시라면서. 그런 돈은 받아도 뒤탈이 없다. 하지만 촌지를 받는 것도 습관이다. 평상시에 안 받아 버릇한 기자는 이런 돈도 돌려보낸다.

나쁜 습관은 금세 몸에 밴다. 신입 때는 촌지를 받으면 얼굴이 빨갛게 달아오르던 사람이 경력이 쌓이면 오히려 촌지를 요구하기도 한다. 그런 사람을 지켜보고 있노라면 마음이 착잡하다. 세상사는 요령으로 치부해버리기에는 영 뒤끝이 개운치 않다.

작은 돌을 파내면 작은 구멍이 생기고 큰 돌을 파내면 큰 구멍이 생기는 법! 적은 돈을 밝혀 버릇하면 사람이 작아질 수밖에 없다.

포부가 큰 사람은 적은 돈을 밝히지 않는다. 순간적으로는 이익일지 몰라도 장기적으로는 오히려 손해라는 걸 알기 때문이다.

적은 돈이든 큰돈이든 간에 정체불명의 돈이 개입되면 진솔한 만남이 이루어질 수 없다. 적은 돈을 밝히면 결국 사람을 잃게 된다. 황소 몰고 길을 가다가 길 잃은 염소에 눈이 멀어 황소를 잃어버리는 꼴이다.

성공하는 이들은 사람과의 만남, 그 자체에서 무언가를 얻는다. 일을 처리해가면서 자연스럽게 여러 방면의 사람을 사귄다.

이때 형식적인 교제가 아닌 자연스런 교제로 이어지려면 서로가 서로에게 호감을 가져야 한다. 호감은 상대방의 이미지가 깨끗하고 해맑을 때 생긴다. 적은 돈을 밝히는 이에게 호감을 느낄 사람이 있겠는가.

이미지가 깨끗하고 좋은 사람은 좋은 기회를 얻게 된다. 이런 사람은 많지 않지만 쓸 곳은 많기 때문이다.

적은 돈을 밝히지 마라! 지금 당장은 그 돈이 무척 요긴할지 몰라도, 언젠가는 중요한 순간에 당신의 발목을 붙잡는다.

# 아이디어는 가까운 곳에 있다

세상에는 아이디어를 찾기 위한 여러 방법이 나와 있다. 큰 줄기로 나눠보면 대략 네 가지다.

연상 자극법, 발상 전환법, 정보 조합법, 집단 발상법 등이다. 이를 세분화하면 다시 여러 갈래로 나뉜다. 두뇌 폭풍이라고 해서 한때 각 광받았던 브레인스토밍이나 고든법, NM법, KJ법 등은 집단 발상법 이다.

일반적인 아이디어 발상 기법을 몇 가지 소개하면 이렇다.

고정 관념 깨기          단순화하기

반대로 생각하기         고정되어 있는 것 회전시키기

분리시키거나 결합시키기

| | |
|---|---|
| 아이디어 모으기 | 크기 바꾸기 |
| 재질 바꾸기 | 용도 바꾸기 |
| 낯설게 하기 | 본래 기능 감추기 |
| 유사성 찾기 | 기호처럼 만들기 |
| 형체 변형하기 | 좀 더 편리하게 하기 |
| 좀 더 안전하게 하기 | 좀 더 재미있게 하기 |
| 추가하거나 생략하기 | 다른 아이디어 변형하기 |
| 폐품 이용하기 | 소리 첨가하기 |
| 과학적 원리 접붙이기 | 에너지 절약하기 |
| 신화적인 요소 넣기 | 상상의 여백 남기기 |
| 표지판처럼 한눈에 파악하게 만들기 | |

이 모든 발상법이 어디에서 나왔나 찬찬히 살펴보라. 하나같이 일상생활 속에서 나온 것들이다. 우리가 사용하고 있는 발명품 중에서 기발하고 실용적인 것들은 아주 가까운 곳에서 힌트를 얻었다.

우리는 흔히 이렇게 말한다.

"어디 기발한 아이디어 없을까?"

그런 말을 들으면 왠지 모르게 '기발한 아이디어'는 특별한 곳에 숨어 있을 것 같은 예감이 든다. 일상생활은 변화가 없고 단조롭다고 인식하고 있기 때문이다.

어렸을 때 한 번쯤은 6막 12장으로 구성된 모리스 마테를링크의 동화극 〈파랑새〉를 읽었을 것이다. 틸틸과 미틸은 요술쟁이 할머니의 부탁을 받고 행복의 상징인 파랑새를 찾아 나선다. '추억의 나라',

'달이 비치는 숲속', '한밤중의 묘지', '행복의 궁전', '미래의 나라'를 찾아가지만 결국 파랑새를 찾지 못한다. 그러다 꿈에서 깨어나니 새장 속에 그토록 찾아다니던 파랑새가 있다.

파랑새는 행복을 상징적으로 표현하고 있다. 행복은 일상 속에 감춰져 있다. 아이디어 또한 살아가기 위한 하나의 방편이다 보니 우리의 생활 속에 숨어 있다.

가끔씩 책 속에 숨겨놓은 돈을 찾다 보면 보이지 않을 때가 있다. 그런 경우는 대개 책장을 너무 빨리 넘겼기 때문이다.

아무리 아이디어를 찾아도 보이지 않는다면 생활을 한 템포 늦출 필요가 있다. 한 장 한 장 책장을 넘기듯 차분하게 찾아보라. 만약 당신이 찾는 아이디어가 가족의 행복이나 이웃을 위한 것이라면 아주 가까운 곳에 숨어 있을 가능성이 높다.

# 어린아이의 시선으로 세상을 봐야 기회를 잡는다

인간의 뇌는 정력이 넘친다. 스물네 시간 일해도 피곤을 모른다. 만약 일하다 피로를 느낀다면 눈이나 근육의 피로이지 뇌의 피로는 아니다.

뇌는 젊을수록 부드럽고 유연하다. 어린아이들은 격한 논쟁을 하다가도 스스로 오류를 발견하면 금세 수긍한다. 반면, 노인들은 좀처럼 자기 생각을 바꾸지 않는다.

뇌의 나이를 떠나서, 세상에는 빵 찍는 기계틀처럼 고정화된 사고방식을 갖고 살아가는 사람들이 있다. 그들은 고정화된 틀 속에 모든 생각을 집어넣었다 꺼낸다. 그렇게 되면 특별한 기회도 평범하게 변해버린다.

그리스 신화에 '프로크루스테스'라는 도적이 나온다. 이 도적은 나그네를 집으로 유인해 철로 만든 침대에다 재운다. 키가 침대보다 작으면 길게 늘이고, 침대보다 크면 자르는 방식으로 무고한 생명을 빼앗는다.

'프로크루스테스의 침대' 같은 사고방식을 갖고 있으면 갈등할 일이 없다. 자르거나 늘이면 되기 때문이다.

문제는 기회가 찾아와도 기회인지조차 모른다는 데 있다. 고정화된 사고방식 속에 넣었다 꺼내면 특별한 기회도 일상의 사소한 일로 바뀌고 만다. 오랜 세월이 흐른 뒤에야 그것이 기회였음을, 그리고 잡지 못했음을 후회한다. 그러나 사고방식을 바꾸지 않는 한 다시 기회가 찾아와도 똑같은 식으로 놓치고 만다.

기회는 계절처럼 때가 되면 찾아오는 것이 아니다. 이번이 기회라는 생각이 들면 과감하게 붙잡아야 한다.

제대로 된 기회를 잡으려면 평상시 마음을 열어놓고 지내야 한다. 고정관념은 뇌를 옴짝달싹 못하게 묶어놓은 밧줄과도 같다. 고정관념에 사로잡혀 살면 인생을 바꿀 수 없다. 인생을 바꾸고 싶다면 호기심 가득한 어린아이의 눈으로 세상을 봐야 한다.

뛰어난 선수는 찬스에 강하듯 성공하는 사람은 기회를 놓치지 않는다. 여러 정황을 분석해본 뒤 기회라고 판단되면, 최대한 활용 가능한 물적·인적자원을 쏟아부어서라도 악착같이 붙든다.

기회는 두 가지 방법으로 찾아온다. 퍼즐 조각을 짜 맞추듯 하나씩 준비해나가고 있을 때 찾아오기도 하고, 길을 걷다가 우연히 마주치듯 불쑥 찾아오기도 한다.

준비된 기회는 그것이 기회라는 사실이 이미 검증되었기 때문에 경쟁이 치열하다. 나름대로 완벽하게 준비해도 경쟁이 치열하다 보니 놓치기 쉽다. 기회의 속성이 미꾸라지와 흡사해서 두 손으로 꽉 붙잡았음에도 교묘하게 빠져나가기도 한다.

불청객처럼 불쑥 찾아온 기회는 먼저 잡는 사람이 임자다. 그러나 예상치 못했던 기회이기 때문에 당황해서 놓치는 경우가 태반이다. 인간의 뇌 자체가 변화보다는 안정을 추구하는 성향이 있기 때문이다. '지금도 괜찮은데 굳이 변화를 꾀할 필요가 있을까?' 하고 망설이는 사이에 기회가 눈앞을 스쳐 지나간다.

인생을 바꿀 수 있는 기회는 많지 않다. 대다수가 다음을 기약해보지만 영영 이별인 경우가 대부분이다.

기회에 강해지려면 평소 마음의 문을 활짝 열어놓고, 어린아이처럼 유연한 사고를 할 필요가 있다. 내 생각만이 옳다거나, 저런 건 돈이 안 된다고 쉽게 단정 지어서는 안 된다. 또한 모르는 것을 부끄러워해서도 안 되고, 내가 그쪽 방면에 대해서는 누구보다 잘 알고 있다고 자만해서도 안 된다.

세상은 유기적으로 구성되어 있다. 살아 있는 생명체처럼 끝없이 변화하며 흘러간다. 한창 일하는 나이라면 애늙은이처럼 행동하지 마라. 세상 모든 것이 시들해 보이는 노인의 시각을 버려라. 고정관념에 사로잡혀서는 아무것도 바꿀 수 없다.

천진난만한 아이의 시선으로 세상을 바라보라. 호기심 가득한 눈으로 세상을 봐야만 새로운 기회를 포착하고 붙들 수 있다.

# 자부심을 가져라

세상에는 부족한 능력에 비해서 자부심만 넘치는 사람도 있고, 능력에 비해서 자부심이 부족한 사람도 있다. 자부심이 부족한 것보다는 차라리 자부심이 넘치는 쪽이 낫다.

그렇다면 자부심이란 무엇일까?

자부심이란 자신 또는 자신과 관련된 것에 대하여 스스로 그 가치나 능력을 믿고 당당히 여기는 마음이다.

저명한 심리학자인 나다니엘 브랜든은 "자부심은 자신의 능력에 대한 생각과 자신의 가치에 대한 생각이라는 두 가지 요소로 이루어져 있다. 다시 말해서 자부심은 '자기 신뢰'와 '자기 존중'이 합쳐진 것이다"라고 말한다.

자부심은 한자리에 멈춰 있지 않고 시소를 탄다. 개개인의 심리적 변화에 의해서 자부심은 높아졌다가 낮아지기도 한다.

직장인을 예로 들어보자.

대학을 졸업하고 대기업에 입사하면 회사에 대한 애사심을 갖게 마련이다. 자신의 능력으로 경쟁자를 물리치고 입사했기 때문이다. 애사심은 이내 넘치는 자부심으로 표출된다. 누가 회사에 대해서 부정적인 이야기를 하면 회사 입장에 서서 변론하기도 한다.

높은 자부심은 회사에 대한 과도한 자부심을 불어넣는 신입 연수가 끝나고, 부서에 배치된 뒤에도 한동안 이어진다. 그러다 낯설기만 했던 업무가 몸에 익고, 근속연수가 쌓이면서 자부심은 점점 추락한다.

어떤 계기로 회사에 크게 실망하거나, 수직적인 조직 문화와 무사안일주의에 빠져서 업무를 습관적으로 처리하는 동료에게 실망하다 보면 자부심은 바닥을 치게 된다. 자부심이 사라져버리고 나면 입버릇처럼 회사를 비방하며 이직을 꿈꾼다.

물론 모든 사람이 똑같은 과정을 거치는 것은 아니다. 입사했을 때의 자부심만큼은 아니더라도 소속된 회사, 자신의 일과 인생에 한평생 자부심을 갖고 살아가는 사람들도 있다. 대개 이런 유형의 사람들이 회사에 오래도록 남아서 임원이 된다.

대화를 나눠보면 전문가의 향기가 물씬 풍긴다. 그들이 높은 자부심을 유지할 수 있었던 비결은 입사 후에도 안주하지 않고, 현재보다 더 나은 사람이 되려고 부단히 노력했기 때문이다.

자부심이 높은 사람과 낮은 사람은 외형적으로는 쉽게 분간할 수 없다. 비슷한 복장을 하고 있고 같은 회사에 다니기 때문이다. 그러나 하루 스물네 시간을 보내는 방법에서 많은 차이가 있다. 자부심이 높은 사람은 스스로 만족할 만한 결과를 도출해내기 위해서 노력한다. 반면, 자부심이 낮은 사람은 당장 해야 할 일도 내일로 미루거나 형편없는 결과가 나와도 거부감 없이 받아들인다. 입사 초에는 그 차이가 미세하지만 세월이 흐르면 흐를수록, 자부심의 높낮이만큼이나 점점 차이가 벌어진다.

자부심은 성공을 꿈꾸는 사람들이 갖춰야 할 덕목이다. 인생에 대한 자부심이 없다면 더 나은 인생을 기대할 수 없다. 또한 일에 대한 자부심이 없다면 고객 만족도 없고, 자기 발전도 없다.

자부심을 가져라! 세상 일이 뜻대로 풀리지 않더라도 제풀에 지쳐서 포기하지 마라. 달리다 넘어지더라도 실망하지 말고 다시 일어나라. 자부심만 잃어버리지 않는다면 그 어떤 분야에서든 빛을 볼 수 있다.

## 중요한 승부는 체력이 승패를 좌우한다

인간은 시간이라는 한정된 자원을 갖고 살아간다. 이 자원을 잘 활용해야만 멋진 인생을 살 수 있다.

엔터테인먼트 산업과 SNS의 발달로 '시간 도둑'이 많은 세상이다 보니 시간관리의 중요성이 새롭게 대두되고 있다. 현대인 상당수가 시간관리를 하며 살아간다. 그러나 장기적인 안목에서 효율적으로 시간관리를 하는 사람은 많지 않다. 눈앞의 이익이 우선이다 보니 건강관리에 쏟아야 할 시간은 아예 제쳐놓기 일쑤다.

구조조정으로 조기 퇴직자가 쏟아지면서 창업 열기가 뜨겁다. 퇴직금과 비상금을 투자해서 창업했다가 장사가 안 돼서 가슴앓이하는 사람이 부지기수다. 날이 갈수록 적자가 누적되면 잠이 올 리 없다. 집을 담보로 금융권에서 대출받은 경우에는 속이 새까맣게 타들어간다.

직장 다닐 때에는 아무리 바빠도 예닐곱 시간쯤은 자게 마련이다. 그러나 창업하고 나면 해야 할 일이 태산이라서 서너 시간밖에 못 자고 버텨야 한다. 다른 사람 손을 빌리면 편하지만 임금이 나가니 스스로 해결할 수밖에 없다.

평상시 체력관리를 안 해놓은 사람은 돈은 돈대로 날리고 병까지 얻는다. 그나마 체력이 좋은 사람은 끝까지 버티거나, 업종을 전환해서 기적적으로 회생하기도 한다.

지인 중에 벤처 사업을 하는 L이 있었다. 대학을 졸업하고 벤처업계에 뛰어들어 15년 남짓 온갖 풍파를 겪었다. 그러다 마침내 개발한 신제품이 빛을 보았고, 수출길도 뚫리면서 신문에 여러 차례 오르내렸다. 이제 좋은 일만 남았다 싶었는데 어느 날 갑자기 심장마비로 세상을 떠났다. 가족이나 친인척들은 물론이고, 주변인들도 안타까움을 금하지 못했다.

건강의 중요성은 아무리 강조해도 지나치지 않다. 오죽하면 병든 황제보다 건강한 거지가 더 행복하다고 하겠는가. 그럼에도 시간관리를 할 때 건강은 항상 후순위에 놓이는 게 우리의 현실이다. 그 이유는 건강이 잃어야만 뒤늦게 소중함을 깨닫는 것 중 하나이기 때문이다.

사업의 승부처에서는 긴장으로 인한 압박감이 상상을 초월한다. 수많은 이가 가장 중요한 순간에 심장마비나 뇌졸중 같은 증상으로 쓰러진다.

나는 사업하는 사람을 만나면 운동을 권한다. 필요성을 인정하면서도 대개는 이렇게 반응한다.

"속 편한 소리만 골라 하시네요. 잠잘 시간도 턱없이 부족한데 어떻게 운동을 해요?"

시간관리에 초보자일수록 시간에 쫓긴다. 시간을 효율적으로 사용하는 방법을 모르기 때문이다.

시간은 사용하는 사람에 따라서 늘어나기도 하고 줄어들기도 한다. 시간관리의 초보자들은 일은 반드시 책상이나 현장에서 해야만 한다고 생각한다. 그러나 시간관리의 고수들은 운동하면서 중요한 일을 처리한다. 유산소운동을 하면 뇌가 활성화되어서 그 어느 때보다 아이디어가 잘 떠오른다는 사실을 알기 때문이다.

일은 시간과의 싸움이 아니다. 얼마나 오래 붙들고 있느냐가 아니라, 얼마나 집중력을 발휘하느냐에 달려 있다. 집중력을 높이려면 강인한 체력이 전제되어야 한다.

전신 거울 앞에 알몸으로 서서 자신의 몸매를 객관적인 시선으로 들여다보라. 배에 힘주지 말고, 가슴을 앞으로 내밀지 말고, 있는 그대로의 모습을 드러내고 관찰해보라.

배만 볼록하지 않은가?

팔다리가 앙상하지는 않은가?

전체적으로 몸이 비대하지 않은가?

나잇살이 곳곳에 삐져나와 있지는 않은가?

육체미 선수처럼 몸 전체를 근육질로 만들 것까지는 없다. 말랐다면 근육을 붙이고, 뚱뚱하다면 살을 빼라. 마른 사람은 신경질적으로 보이고, 뚱뚱한 사람은 게을러 보인다.

지극히 당연한 이야기지만 건강한 몸에 건강한 정신이 깃든다. 몸이 허약해지면 세상만사가 귀찮아지고 자꾸만 비관적인 생각이 찾아든다. 우울증에 걸린 사람들을 보면 대부분 몸이 허약하다. 체력이 강해지면 성격 또한 낙천적으로 변해서 난관에 부딪혀도 쉽게 좌절하지 않는다.

더 늦기 전에 운동을 시작하라. 오늘 당장 헬스클럽에 등록하라!

규칙적으로 운동하다 보면 하이에나처럼 유흥가를 밤늦게 배회하던 습관도 사라진다. 숙취로 인해 반나절 동안 일도 못 하고 시간만 때우던 습관도 사라진다.

무엇보다 강인한 체력은 성공에 대한 확신을 가져다준다.

# 신하나 노예가 되지 마라

고사성어 중에 '반식재상(伴食宰相)'이라는 말이 있다. 하는 일 없이 자리만 차지하고 있는 무능한 재상을 일컫는 말이다.

불경기와 함께 구조조정이 이뤄지고 취업문이 좁아지면서 상당수 사라졌지만 예전에는 회사마다 반식재상이 있었다. 인맥이나 학연, 혹은 줄을 잘 잡아서 능력과는 무관하게 요직을 차지한 사람들…….

눈엣가시 같아도 사주의 눈 밖에 날까 봐 불평 한마디 할 수 없는 풍토였다. 사장과 직원은 지배계급과 피지배계급, 군주와 신하의 관계에 가까웠다. 물론 지금도 예전과 달라진 게 없다고 주장하는 사람도 있지만 그래도 예전에 비하면 많이 나아진 편이다.

요즘 취업 준비생들은 수직적인 조직 문화, 고용의 불안정성, 과도한 업무량 때문에 사기업을 회피하는 경향이 있다. 공무원이나 공기업을 선호하는 풍토이다 보니 사기업 직장인들은 CEO를 '황제'나 '왕'으로, 스스로를 '신하'나 '노예'로 표현한다.

조직 문화란 유동적이다. 구성원들에 의해서 얼마든지 바뀔 수 있다. 스스로 신하나 노예를 자청하게 되면 수직적인 조직 문화는 한층 굳건해질 수밖에 없다.

국가가 생긴 이래로 가장 뛰어난 스펙을 갖춘 직장인들이 아무짝에도 쓸모없는 반식재상을 자청해서는 안 된다. 상사가 반식재상이라고 해서 같은 부류가 될 필요는 없다.

조직에 들어가면 조직의 룰을 따라야 한다. 그러나 잘못된 룰은 바로잡겠다는 투지와 기백이 있어야 한다. 상사의 눈치나 보라고 봉급 주는 게 아니다. 노는 사람에게 봉급 주는 회사는 없다. 돈을 받고 일하면 좀 더 당당해질 필요가 있다.

당당함은 책임감에서 나오고, 책임감은 주인 의식에서 나온다. 정식 직원이 아닌 계약직이라도 보수를 받는 이상 주인 의식을 지녀야 한다.

아직도 우리 주변에는 이런 직장인이 있다.

"그거요? 전 몰라요. 과장님 오면 물어보세요."

주인 의식이라고는 찾아볼 수 없는 대답이다. 나의 지식이나 기술로 해결할 수 없는 일이라 하더라도 이런 식으로 말해서는 안 된다. 보수를 받고 일하는 직장인이라면 최소한 연결고리 역할은 해야 한다.

"그거요? 잠깐만 기다려보세요. 과장님에게 물어볼게요."

어떻게 대답하느냐에 따라서 고객의 기분이 달라진다.

직위가 달라지면 생각도 달라진다. 직장인은 신하나 노예가 아니다. 스스로를 신하나 노예로 규정해버리면 생각도 그 틀 안에 갇히게 된다. 그런 생각으로 몇 년을 살다 보면 정말로 신하나 노예가 된다.

어디에서 무슨 일을 하든지 간에 반식재상을 경계하라. 반식재상으로 지내다가는 언젠가는 반드시 식충 소리를 듣게 된다.

## 감당하기 힘든 짐은 내려놓아라

흔히 인생을 '여정'에 비유한다. 여행의 출발점 근처에서 보면 길어 보이지만, 끝날 지점에서 돌아보면 허망할 정도로 짧은 여행이 인생이다.

장거리 여행을 빈손으로 떠나는 사람은 없다. 여행을 할 때는 저마다 여행 장비를 챙겨서 떠난다. 여행자들의 배낭은 뭐가 들어 있는지는 몰라도 그 크기가 제각각이다.

대개 초보자의 배낭은 부피가 클뿐더러 무겁다. 반면, 여행 전문가의 배낭은 부피도 작고 가볍다. 불필요한 짐은 줄이고 꼭 필요한 짐만 꾸리기 때문이다.

인생을 살아가면서 고민 없는 사람은 없다. 크고 작은 고민을 이고 지고 살아간다. 어리석은 사람은 쓸데없는 고민까지 짊어지고 가며 고생을 자처한다. 반면, 현명한 사람은 불필요한 고민은 아예 내려놓고 간다.

어리석은 사람은 세상이 왜 이렇게 살기 힘드냐고 하소연하고, 현명한 사람은 세상이 아직은 살 만하다고 말한다.

친구 중에 S가 있다. 그는 삼남매 중 장남이다. 밑으로는 두 살 터울로 여동생과 남동생이 있다.

부모님은 광화문에서 식당을 했는데 아버지가 병환으로 일찍 돌아가셨다. 그 뒤 가세가 기울어서 어머니는 행상도 했고, 공사 현장에서 막노동도 했다.

S의 어머니는 설거지를 하다가도, 빨래를 개다가도 푸념을 늘어놓았다.

"휴우…… 대체 이 어린것들을 어느 세월에 키운담."

어머니의 푸념은 장남인 S에게 그대로 전염되었다. S도 수시로 동생들 걱정을 하며 한숨을 내쉬었다.

"학생이 공부만 하면 되지 왜 쓸데없는 걱정을 해? 세월 지나면 어련히 크겠지!"

친구들이 면박을 줘도 S의 한숨은 잦아들지 않았다.

세월이 흘러서 S도 결혼을 했고, 동생들도 모두 결혼을 해서 분가해 나갔다. 그러나 S의 걱정은 여전했다.

"휴우…… 둘째는 며칠 전에 엄마한테 이혼하겠다고 울고불고 전화했다던데, 제대로 혼수를 못 해가서 그런 건 아닌지……."

"휴우…… 막내는 형편이 어려워서 고등학교밖에 못 나왔는데, 학벌 때문에 직장에서 차별받는 건 아닌지……."

그러던 어느 날, S가 직장에서 해고됐다며 찾아왔다. 협력사 사장이 원단을 대줄 테니 사업을 해보라고 했다면서 고민을 늘어놓았다.

"워낙 잘나가는 제품이니까 비슷한 제품을 만들어서 출시하면 팔리기는 팔릴 거야. 그런데 문제가 뭐냐면, 사장님이 날 괘씸하게 생각해서 손해를 무릅쓰고 제품을 헐값에 내놓을 수도 있어. 그럴 경우 난 자금력이 부족해서 삼 개월도 못 버텨."

나는 긍정적인 측면을 보고 의견을 말하면 S는 최악의 상황을 우려했다.

그 뒤에도 몇 차례 찾아와서 상담을 했지만 S의 걱정은 끊이질 않았다. 결국 S는 수백 번 징검다리를 두드린 끝에 비교적 원금 손실이 적은 편의점을 차렸다.

아내와 둘이서 교대로 가게를 운영했던 터라 처음 한동안은 그럭저럭 잘됐는데, 주변에 편의점들이 우후죽순으로 생기면서 다시 S의 걱정이 시작되었다.

"휴우…… 애들 교육도 시켜야 하고, 노후도 준비해야 하는데 이제 어떡하냐?"

우리 주변에는 S 같은 사람이 적지 않다. 제 몸에 맞지도 않는 커다란 배낭을 짊어진 채 한숨을 푹푹 내쉬는 여행자들……. 그런 여행자들의 짐을 풀어보면 열에 아홉은 없어도 무방한 쓸데없는 것들이다.

걱정해도 해결되지 않는 짐은 내려놓아라.

장남으로 태어난 것을 어쩌란 말인가?

이미 분가한 동생들을 뒤늦게 걱정해서 어쩌자는 건가?

사업을 하겠다는 사람이 최악의 상황만 가정하면 어떻게 사업을 시작한다 말인가?

장사가 안 된다고 걱정만 하고 있으면 무엇이 달라진단 말인가?

여행을 즐기려면 배낭은 가벼울수록 좋다. 그래야 여행길이 즐겁고, 기회나 위기가 찾아왔을 때 발 빠르게 처신할 수 있다.

감당할 수 없는 짐이라면 한숨만 쉬지 말고 이제 그만 내려놓아라. 짐을 내려놓기가 허전하고 불안하다면 종교를 가져라. 신이 그 짐을 대신 져주리니.

# 차이를 인정하고 존중하라

살다 보면 종종 자존심 상할 때가 있다.

동창 모임에 나갔는데, 학교 다닐 때 공부는 지지리도 못하던 어리바리한 친구가 외제 승용차를 타고 나타나면 배가 아프다.

그 방면의 전문가라고 자부해왔던 나조차도 끙끙대던 일을 순식간에 해결하는 동료 직원을 보면, 배가 아픈 정도를 넘어서 복통이 찾아온다.

뚱뚱한 아내를 최대한 치장시켜 참석한 연말 모임, 멍청한 부하 직원이 늘씬한 미모의 아내를 대동하고 나타나면 속이 토할 것처럼 메슥거린다.

아이들 학원비 때문에 아내와 한바탕 말싸움을 했는데 술자리에서 조기 유학 보낸 친구의 자식 자랑을 듣다 보면 두통이 찾아온다.

회사에서 무능력자로 찍혀 퇴직한 부하 직원이 차린 회사 매출액이 천문학적 단위라는 이야기를 들으면 누군가를 늘씬하게 패주고 싶다.

이런 경험이 누구나 한 번쯤은 있으리라. 똑같은 상황이라도 어떻게 대처하느냐에 따라서 성공에 대한 갈망을 엿볼 수 있다.

성공에 대한 갈망이 강한 사람은 차이를 인정하고 존중한다. 자신보다 뛰어난 사람을 만나면 눈을 빛내며 한 가지라도 더 배우려고 귀를 쫑긋 세운다. 반면, 성공에 대한 갈망이 약한 사람은 돌아서서 흉을 본다.

"저 친구, 사채로 돈 벌었다며? 흡혈귀 같은 자식!"

"굼벵이도 기는 재주가 있다고…… 삼류대 출신 주제에 별걸 다 하네."

"어디서 저런 호스티스 같은 여자를 데려온 거야? 저 여자를 내가 어디서 봤는데……."

"아내와 애들만 유학 보냈다가 이혼한 사람이 부지기수라며? 외국 남자랑 눈 맞으면 자식이고 남편이고 다 소용없다던데!"

"그 친구, 회사 거래처 빼돌린 거 아냐? 앞에서는 상사에게 아양 떨고, 돌아서서는 자기 뱃속을 채웠네!"

정확한 정보도 아닌 헛소문을 사실인 양 떠벌이는 못난 사람들이 의외로 많다. 그들은 자신의 노력은 부풀려서 과장하지만, 남들이 흘린 땀방울은 헤아리려 하지 않는다. 과거의 삶은 차치하고서라도 현재의 차이조차 인정하려 들지 않는다.

차이를 인정하지 않으면 배움에 대한 의지가 없고, 배움에 대한 의지가 없으면 발전이 없다. 누군가가 사업에 성공했다면 그 비결을 배워라. 분야가 달라도 성공한 사람에게는 반드시 배울 게 있다.

나보다 뛰어난 전문가를 만나면 겸허하게 모르는 것을 물어라. 지식은 강물처럼 흘러가는 것이다. 과거에는 내가 전문가였다 하더라도 지금은 그 사람이 나보다 더 많이 안다면, 차이를 인정하고 존중하라. 그래야만 열심히 배워서 다시 그 사람을 능가하는 전문가 행세를 할 수 있다.

부하 직원이 미모의 아내를 동반하고 나타나면 다가가서 미모를 칭찬해줘라. 당신이 관대한 상사가 되어야만, 당신의 아내 역시 뚱뚱한 여자가 아닌 후덕한 여자가 된다.

자녀를 유학 보낸 친구가 있다면 귀를 기울여 유학의 장단점을 파악하라. 그런 다음 자식의 장래를 진지하게 고민해보는 것이 참된 부모의 도리다.

독립해 나간 부하 직원이 성공했다면 찾아가서 칭찬해줘라. 훗날 당신이 독립해서 사업을 하게 되면 그가 음으로 양으로 도움을 줄 것이다.

성공에 대한 의지가 강한 사람은 지렁이에게조차 한 수 배우려고 한다. 세상 모든 것이 스승임을 알기 때문이다.

물은 위에서 아래로 흐르지만 불은 밑에서 위로 타오른다. 몸을 낮추면 물을 얻어 유용하게 사용할 수 있다. 그러나 숙여야 할 자리에서 꼿꼿하게 머리를 치켜들고 있다가는 불에 타고 만다.

HABIT

# 15

## 즐기면서 일하라

스티브 잡스와 싸이의 공통점은 무엇일까?

두 사람은 전혀 다른 분야에서 전혀 다른 방식으로 성공을 거두었지만 한 가지 공통점이 있다. 그것은 바로 좋아하는 일을 즐기다 보니 성공했다는 점이다.

일을 즐기다 보니 성공한 사람이 어디 잡스와 싸이뿐이겠는가. 어떤 분야든 성공하려면 일 자체를 즐길 줄 알아야 한다. 널리 알려진 성공 공식이라서 많이 알고 있고, 필요성을 인정하지만 실천하는 사람은 소수에 불과하다.

내 주변만 보더라도 일을 즐기는 사람보다는 일에 대한 원천적인 거부감을 지닌 사람이 다수다. 퇴근 시간이 가까워지면 시계만 뚫어져라 들여다보고, 회사를 나서는 순간 자유인이 된 듯 비로소 꽉 막

혔던 숨통이 트이고, 금요일 퇴근 무렵에는 애국지사처럼 만세를 부르다가, 일요일 저녁이면 처형을 기다리는 사형수로 빙의해서 서서히 다가오는 월요일을 넘겨다보며 사색이 된다.

한 가지 이해할 수 없는 건 일은 죽어라 하기 싫어하면서도 성공을 꿈꾼다는 점이다. 마치 복권은 사지 않고 복권에 당첨되기를 바라는 사람처럼!

굳이 성공을 꿈꾸지 않더라도, 가치 있는 인생을 살고 싶다면 일을 즐겨야 한다. 일을 즐기기 위해서는 다음 일곱 가지를 명심하라.

**하나, 내 일이라는 마음가짐을 지녀라.** 회사 일이라는 생각은 버려라. 내가 안 해도 동료가 할 것이라는 안이한 생각도 버려라. 이 일은 내 일이므로 내가 해야 한다는 마음가짐을 지녀라.

**둘, 한 가지 방법만 고집하지 마라.** 일 처리를 하는 데서 한 가지 방법만 고집하지 마라. 다른 방법도 있다는 생각을 열어놓아라. 그래야만 일이 지겹지 않고, 새로운 아이디어를 찾을 수 있다.

**셋, 배움의 자세를 잊지 마라.** 수없이 해봐서 다 안다고 결론짓지 마라. 항상 몸을 낮추고 배우겠다는 자세를 유지하라. 선배는 물론 후배에게서도 배울 점이 있다면 배워라. 새로운 이론이 나오면 책에서도 배우고, 세미나에 참석해서도 배워라. 내 일에서만큼은 최고의 전문가가 되겠다는 생각으로 배우고 또 배워라.

**넷, 취미로 생각하라.** 일을 밥벌이 수단으로 여기면 일하는 즐거움이 사라진다. 취미생활을 한다고 가볍게 생각하라. 속으로 콧노래라도 흥얼거리며 즐겁게 일하다 보면 시간도 잘 가고 일도 잘된다.

**다섯, 일 속에서 재미를 발견하라.** 지루한 일도 반복하다 보면 재미

있을 때가 있다. 일할 때면 항상 그 순간을 먼저 떠올리면서, 의식적으로 '아, 재미있다!' 하고 생각하라. 뇌가 재미없다고 생각하면 몸은 본능적으로 거부감을 느끼고, 뇌가 재미있다고 생각하면 몸은 본능적으로 달려든다.

**여섯, 가끔씩 푹 쉬어라.** 매일 집에서만 생활하는 사람은 집의 소중함을 모른다. 잠시라도 여행을 갔다 오면 집의 포근함과 소중함을 깨닫게 된다. 일도 마찬가지다. 열심히 일만 하는 사람은 일의 즐거움을 모른다. 쉼을 통해서 즐겁게 일할 수 있는 에너지를 얻어라.

**일곱, 보수에 연연해하지 마라.** 내 인생에서 가치 있는 것들 중 하나가 일이다. 내 인생의 가치를 보수와 동일선상에 놓지 마라. 인생이 한없이 초라해지고 가벼워진다. 즐겁게 일하다 보면 승진도 하게 되고, 자연스럽게 보수도 높아진다.


"직업에서 행복을 찾아라. 그렇지 않으면 행복이 무엇인지 절대 모를 것이다."

세일즈맨생활을 하다 출판사를 설립하여 수필가로서 명성을 드높인 엘버트 허버드의 명언이다.

즐기면서 일하라!

행복의 파랑새가 날아와 당신의 어깨에 살며시 앉으리니.

HABIT

# 16

## 시작했으면 끝을 맺어라

P는 어릴 때부터 무슨 일이든 벌이기를 좋아했다. 혼자서도 일을 벌였지만 친구들을 선동해서 별별 일을 벌이기도 했다.

중학교 2학년 여름방학을 앞두고, P가 갑작스런 제의를 했다.

"우리 돈 모아서 제주도 놀러가자!"

공부에 지쳐 있던 우리는 반색했고, 어떻게 돈을 모을 것인가를 놓고 고민했다. 긴 토의 끝에 거리에서 인형을 팔기로 했고, 사업 자금은 집에서 쓰지 않는 물건을 팔아서 마련하기로 했다.

며칠 뒤, 우리는 집에서 바리바리 챙겨 온 물건을 한 보따리씩 짊어지고 모였다. 처음에는 제법 팔려 나갔다. 그러나 시간이 지날수록 손님의 발길이 뜸해졌다.

P는 잠깐 집에 갔다 온다면서 자리를 비웠고, 두 번 다시 나타나지

않았다. 다음 날도 그다음 날도 마찬가지였다. 우리는 P가 가져온 물건까지 짊어지고 다니며 팔아야 했다. 불평불만이 쌓였고, 결국 제주도 여행은 흐지부지됐다.

대학을 졸업하고 3년쯤 지나서 P가 찾아왔다. 동업자를 구한다면서 자신이 구상한 사업을 들려주었다. 아이디어도 좋았고, 사업 전망도 괜찮아 보였다. 그러나 나는 거절할 수밖에 없었다. P는 도대체 이해할 수 없다는 말투로 물었다.

"아니, 왜 다들 피하는 거지? 이렇게 확실한 사업이 어디 있다고!"

나는 반문할 수밖에 없었다.

"그걸 몰라서 물어?"

중국 진나라의 기록을 담은 역사서《진서》에 이런 글이 실려 있다.

'소인은 시작은 있으되 끝이 없다.'

끝이 없다는 것은 책임감이 없다는 뜻과도 일맥상통한다. 사업의 기본은 신뢰다. 기본조차 안 되어 있는 사람과 어떻게 미래를 도모할 수 있겠는가.

무슨 일이든 시작보다는 끝맺음이 어렵다. 처음에는 쉽고 간단해 보여도 막상 시작해보면 예측 못했던 일들이 벌어지기 때문이다.

시작에는 대개 기대가 함께한다. 하지만 일단 시작해보면 기대는 사라지고 곳곳에 도사리고 있는 난관에 부딪힌다. 이런 난관을 헤치고 끝까지 해내다 보면 신뢰와 함께 저력이 쌓인다.

사소한 일이라도 시작한 일은 끝을 맺어야 한다. 아예 손을 놓아버리거나 흐지부지 끝내버리면 신뢰는 땅에 떨어진다. 시간은 시간대로 돈은 돈대로 낭비한 꼴이 된다.

비록 실패한 일일지라도 끝을 맺어놓으면 경력이 되고, 다음 도전을 위한 발판이 된다. 끝이 아름다운 사람은 불운으로 실패할지라도 재기 가능성이 높다. 좋은 이미지가 남아 있기 때문에 다시 시작해보겠다고 하면 주변에서 음으로 양으로 돕기 때문이다.

넓은 의미에서 본다면 시작은 '탄생'이고 끝은 '죽음'이다. 태어났으면 언젠가는 죽게 마련이다. '죽음'이 두려운 이유 중 하나는 마음의 준비가 되어 있지 않은데 언제 불쑥 찾아올지 모르기 때문이다. 무책임하게 벌여놓기보다는 정리하며 살아야 한다.

어떤 집에서 태어났느냐보다는 어떻게 살았느냐가 더 중요하지 않겠는가? 시작했으면 반드시 끝을 맺어라.

# 능력을 과신하지 마라

한창 잘나가던 사람이 어느 날 갑자기 파산하기도 한다. 자신감이 지나치다 보니 과욕이 낳은 참상이다.

작은 성공은 셀 수 있는 구슬과 같다. 백 개쯤 되는 구슬은 정확히 헤아릴 수 있듯이 작은 성공은 변수가 적으므로 열심히 하다 보면 목표를 이루게 된다. 그러나 큰 성공은 숫자가 많은 구슬과 같다. 백만 개, 천만 개쯤 되면 일일이 헤아리기란 불가능하다. 대충 짐작으로 맞혀야 하는데 그러다 보면 오차 범위를 넘어서기도 한다.

산을 매일 오르면 등산에 자신이 붙는다. 어떤 산이라도 등정할 수 있을 것 같은 기분이 든다. 등산 마니아가 되면 높은 산에 오르기를 갈망한다. 중간 단계의 산을 거치지 않고 곧바로 히말라야 등정에 나섰다가 예상치 못한 변수로 인해 화를 입은 사람도 상당수다.

사업도 마찬가지다. 몇 차례 성공을 거두다 보면 무슨 일을 해도 성공할 수 있을 것 같은 기분이 든다. 이럴 때일수록 조심해야 한다. 조금씩 확장해나가면 될 텐데, 자신감이 지나치다 보면 그 정도로는 성이 차지 않는다. 능력을 과신한 나머지 무리하게 사업을 확장했다가 돌발 상황이 생겨 빚더미에 앉기도 한다.

사업 규모가 클수록 리스크도 크다. 뒤늦게 땅을 치고 후회해보지만 복구가 불가능한 경우가 대부분이다.

"와아, 사업 수완이 대단하세요! 어떻게 그렇게 단기간에 사업을 키우셨죠?"

경험자들은 칭찬 일색일 때 가장 조심해야 한다고 경고한다.

사업이 궤도에 오르면 돈 냄새를 맡고 별의별 사람들이 다 찾아온다. 투자하겠다는 사람도 있고, 반대로 투자를 권유하는 사람도 있고, 기발한 아이디어를 제의하는 사람도 있다.

사업이 어려울 때는 찾아가도 만날 수 없었던 사람들이 제 발로 찾아온다. 마치 나 자신이 대단한 사람이라도 된 기분이 든다. 자신감 또한 충만하다 보니 냉정한 판단을 내리기가 어렵다.

사업이 어려울 때는 주변에서 진심 어린 충고를 해줘도 귀에 잘 들어오지 않는다. 당장 해결해야 할 문제가 한두 가지가 아니기 때문이다. 반면, 사업이 잘되면 아부하는 사람은 많아도 진심 어린 충고를 해주는 사람은 없다. 괜한 소리를 했다가 행여 미움이라도 받을까 봐 말조심하기 때문이다.

칭찬만 받다 보면 나에게 특별한 재능이 있다고 착각하거나, 하늘이 돈 버는 재주를 내려주었나 보다고 오판하기 쉽다.

사업이 성공했을 때 과욕을 경계하는 최상의 방법은 겸손이다. 성공 요인을 주변 사람의 공으로 돌리면 차근차근 성공의 사다리를 밟고 오르게 된다. 반면, 성공 요인을 자신의 공으로 돌리면 지나친 자신감으로 인해 자멸하게 된다.

　인간은 신이 아니다. 작은 성공이든 큰 성공이든 간에 혼자 힘으로는 불가능하다. 골방에 처박혀서 창작에 몰두하는 예술가나 실험에 몰두하는 과학자라 하더라도 음으로 양으로 누군가의 도움을 받게 마련이다.

　감사를 모르는 마음에는 교만이 싹튼다. 영국의 시인 바이런은 '교만은 지혜의 방해물'이라고 했다. 교만은 파멸에 이르는 지름길이다.

　작은 성공을 거두었을 때 더 큰 성공을 거두고 싶다면 감사하는 마음을 잊지 마라. 감사하는 마음으로 인해 관계는 돈독해지고, 인생은 한층 풍요로워진다.

# 18

## 친구나 동료와 비교하지 마라

B는 초등학교 때부터 중학교 때까지 줄곧 반에서 일등을 했다. 고등학교에 다닐 때에도 전교에서 10등 밖으로 벗어난 적이 없다. 그는 수재만 들어간다는 명문대에 들어갔고, 같은 학교 대학원을 졸업한 뒤 대기업에 취직했다.

직장생활은 순탄했다. 그는 인재만 모아놓은 부서에서 일했고, 업무 수행 능력도 우수해서 승진도 빨랐다. 연봉도 또래 친구들 중에서는 가장 많이 받았다.

B는 10년 가까이 직장생활을 했지만 자신이 불행하다고 느낀 적은 많지 않았다. 단단하다고 여겨왔던 삶의 터전이 흔들린 것은 처남 결혼식을 앞두고서였다.

"여보, 동생네는 축의금으로 천만 원 한다는데 우린 얼마 해요?"

"우린 삼백만 하지, 뭐."

B는 원래 이백만 원만 할 생각이었는데 맏딸인 아내의 입장을 고려해서 높여서 말한 것이었다.

"우리도 천만 원 하면 안 돼요?"

"우리가 무슨 돈이 있다고 천만 원씩이나 해?"

"자존심이 있지, 어떻게 동생네보다 조금 내요?"

"현실을 알아야지! 그 집은 사업하잖아, 난 봉급쟁이고……."

"아이, 속상해! 제부는 전문대 나오고도 한 달에 수천만 원씩 버는데, 당신은 명문대 대학원까지 나와놓고 그게 뭐예요? 자존심 상하게!"

아내의 바가지는 가슴속 깊은 곳에 잠들어 있던 B의 승부욕을 자극했다. 그날 이후로 업무가 손에 잡히지 않았다. 출퇴근할 때는 외제 승용차와 고가의 아파트만 눈에 들어왔다.

B는 직장을 그만두고 사업을 시작했다. 무역 회사를 차렸는데 처음에는 그런대로 잘됐다. 어느 정도 자신감이 붙자 단기간에 승부 보고 싶은 욕심이 일었다. 그는 주변 사람들의 투자를 받아서 사업을 확장했다. 그러나 경기 침체로 인해 결국 부도를 냈다.

실의에 빠진 B는 무위도식하며 지냈다. 보다 못한 장인이 여의도에 식당을 하나 내주었다. B는 찬밥 더운밥 가릴 처지가 아니었기에 묵묵히 식당을 운영했다. 증권사가 밀집해 있는 지역이다 보니 점심 때는 대기 손님이 기다리고 있을 정도로 장사가 잘됐다. 저녁때면 단체 회식도 잦아서 모든 경비를 제외하고도 순수익이 천만 원은 되었다.

그럭저럭 만족하며 지냈는데 증권가에 찬바람이 불면서 손님이 뚝 끊겼다. 직장인들은 도시락을 싸갖고 다니거나 편의점을 이용했고, 단체 회식마저도 뜸해졌다. 매출이 반 토막이 나서 종업원을 최대한 줄였지만 인건비 건지기도 빠듯했다.

그러던 어느 날, 우울증이 찾아왔다. 부쩍 말수가 줄어들었고, 아는 사람들과는 아예 얼굴도 마주치지 않았다. 밤이 되면 불면증으로 잠을 이룰 수 없었고, 불쑥불쑥 까닭 모를 울화가 치밀었다. 옥상에서 밑을 내려다보노라면 뛰어내리고 싶은 충동마저 일었다. 결국 가족들은 그를 정신병원으로 데려갔다. 현재 B는 가게를 처분하고, 통원 치료를 받고 있다.

B는 한국 사회의 엘리트다. 이들의 단점은 시선이 위로 열려 있기 때문에 발밑을 제대로 보지 못한다는 데 있다. 또한 칭찬만 듣고 자랐기에 어지간한 성공쯤은 당연시한다.

목표가 높으면 행복을 재는 척도 또한 높아진다. 자기만의 인생철학이 없으면 아무리 사회적으로 성공해도 불행해질 수밖에 없다.

몇 해 전, 자수성가한 재력가를 만났을 때 현재 행복하냐고 물어본 적이 있다. 그러자 그는 인상 깊은 대답을 들려주었다.

"행복은 절대적인 게 아니고 상대적인 거예요. 누구하고 비교하느냐에 따라서 행복해질 수도 있고, 불행해질 수도 있죠. 나보다 더 많은 돈을 벌고 더 유명해진 사람하고 비교하면 난 늘 불행할 수밖에 없어요. 그렇다고 해서 나보다 못 사는 사람이나 명성도 없는 사람하고 비교하면 발전이 없죠. 난 그저 나의 삶, 그대로를 보려고 노력해요. 주어진 환경 속에서 최선을 다해 사는 거죠."

인간은 경쟁을 통해서 발전한다. 그러나 지나친 경쟁은 파멸을 낳는다.

'배 터진 개구리'라는 전래동화가 있다. 황소의 커다란 덩치가 부러웠던 개구리는 배를 힘껏 부풀리다 배가 펑 터져 죽는다는 내용이다. 지나친 욕심을 경계해야 한다는 교훈이 담겨 있다.

신은 모든 인간을 부자로 만들지는 않았다. 하지만 사용하기에 따라서는 놀라울 정도로 다채로운 인생을 주었다. 신은 인간을 창조했지만 인생의 다채로움 속에서 행복을 발견하는 건 오로지 인간의 몫이다.

# 실패를 잊는 데도 순서가 있다

실패 없이 세상을 살 수 있다면 얼마나 좋겠는가. 그러나 살아가면서 성공만 거둘 수는 없다. 인간은 누구나 이런저런 실패 속에서 살아간다.

투견은 싸움에서 한 번 패하면 제대로 기량을 발휘하지 못한다. 특히 같은 상대를 만나면 싸우기도 전에 꼬리를 내린다. 축적된 경험을 통해서 자신보다 강하다는 인식이 뇌리 깊숙이 박혀 있기 때문이다.

사람은 투견과는 다르지만 실패하면 위축되기는 마찬가지다. 한 번 실패하고 나면 또다시 실패하지 않을까 하는 우려 때문에 제대로 일을 할 수가 없다.

가장 좋은 방법은 실패를 잊는 것이다. 그런데 그게 생각처럼 쉽지 않다. 무작정 잊으려고 안간힘 쓰기보다는 계기를 만들어서 실패를 극복하는 게 좋다. 태연한 척 일을 계속 해나가다 보면 실패에 대한 두려움은 은연중에 커진다.

사업에 여러 차례 실패했지만 결국 재기한 사람들이 들려준 실패를 잊는 순서는 이렇다.

**첫 번째, 훌훌 털어버려라.** 전체적인 숲의 모습을 보려면 숲을 벗어나야 하는 법이다. 실패했다면 일단 그 환경에서 한시라도 빨리 벗어나라. 과거의 먼지더미 속에 주저앉아 있어봤자 좋은 일은 더 이상 찾아오지 않는다.

**두 번째, 충분한 휴식을 취하라.** 실패가 크면 클수록 후유증도 클 수밖에 없다. 아무리 태연한 척해도 이런저런 내상을 입게 마련이다. 휴식 기간을 넉넉히 잡아라. 알게 모르게 소진된 체력도 충전하면서 뚝 떨어진 자신감도 되찾아라.

**세 번째, 원인을 분석하라.** 바둑에도 패착이라는 게 있다. 프로 기사들은 바둑을 두고 나면 패착을 찾아서 복기한다. 사업도 복기해볼 필요가 있다. 한두 곳이 아니겠지만 결정적인 패착을 찾아내라. 실패 원인을 파악해야 같은 실수를 되풀이하지 않는다.

**네 번째, 가상 속에서 사업을 계속 추진해보라.** 패착을 찾았다면 가상 속에서 계속 사업을 추진해보라. 그때 '이렇게 했더라면 어떤 결과가 나왔을까?' 하고 냉정하게 추론해보라. 다시는 소를 키우지 않을 거라면 몰라도 다시 소를 키우려면, 소 잃고 난 뒤라도 외양간은 고쳐야 한다.

**다섯 번째, 쓸 만한 가재도구는 건져라.** 이미 엎질러진 물이라고 체념해서는 안 된다. 물이 귀한 사막에서는 엎질러진 물이라도 퍼 담아야 한다. 화마가 덮쳐도 완전히 전소되는 법은 드물다. 어딘가 찾아보면 쓸 만한 가재도구가 남아 있게 마련이다. 그게 인재이든, 거래처이든, 경험이든 간에 쓸 만한 것은 최대한 건져라.

**여섯 번째, 비싼 수업료를 지불했다고 생각하라.** 공짜로 얻은 물건일수록 볼품없다. 대개는 비싼 돈을 지불한 것일수록 가치 있게 다룬다. 성공을 위해서 비싼 수업료를 지불했다고 생각하라.


맞는 걸 두려워해서는 훌륭한 복서가 될 수 없다. 실패를 두려워해서는 훌륭한 사업가가 될 수 없다. 세상일이란 내 뜻대로 흘러가지는 않는다. 철저하게 계획을 세워도 사업을 하다 보면 실패할 때가 있다.

실패는 아프지만 깨달음을 준다. 나의 장점과 단점을 깨우쳐준다. 어느 쪽으로 가야 성공 가능성이 높은지 알려준다.

영국의 전설적인 보험왕 토니 고든은 "과거의 실패가 미래의 성공에 걸림돌이 되지는 않는다"고 말했다. 인간은 투견이 아니다. 실패를 제대로만 딛고 일어선다면 새로운 깨달음을 얻어서, 더 멋진 성공을 거둘 수 있다.

# 현명한 배우자 선택법

좋은 배우자는 상대적이다. 나에게 잘 맞는 배우자가 좋은 배우자이지, 조건이 좋다고 해서 좋은 배우자는 아니다. 비록 친구에게는 더없이 좋은 배우자일지라도 나에게는 형편없는 배우자일 수 있다.

상대방의 조건만 보고서 배우자를 결정하는 것처럼 어리석은 일도 없다. 지불 능력을 고려하지 않고 카드로 값비싼 물건을 사는 것과도 같다. 그런 결혼은 불행의 씨앗을 품고 있기 때문에 행복한 결혼생활을 지속하기 어렵다.

중매쟁이는 "사람은 환경의 동물이기 때문에 결혼하면 다 맞춰 살게 돼 있다"고 말한다. 듣기에는 그럴듯하지만 실제로 살아보면 그렇지 않다.

경기 침체로 말미암아 평균 초혼 연령이 점점 높아지고 있고, 황혼

이혼이 늘어나고 있다. 2016년 이혼 통계를 보면 혼인 지속 기간 20년 이상 이혼이 전체 이혼의 30.4퍼센트로 가장 많고, 그다음으로는 5년 미만 이혼이 22.9퍼센트를 차지하고 있다.

이혼 사유 중 '경제적 이유'가 늘었지만 여전히 가장 높은 비율을 차지하고 있는 것은 '성격 차이'다. 성격 차이로 인한 이혼은 "우린 처음부터 결혼하면 안 되는 사이였어요. 그런데 어떻게든 맞춰가면서 살아보려고 했는데 도저히 안 되겠어요!"라는 일종의 포기 선언이다.

이혼율이 높아진 이유를 사회학자들은 여성의 지위 향상과 진보한 사회 인식에서 찾는다. 물론 맞는 말이기는 하다. 그러나 정작 중요한 이유는 따로 있다. '나와 결혼할 사람'을 선택하여야 하는데, '결혼하기에 좋은 조건을 갖춘 사람'을 선택하기 때문이다.

인간은 대개 결혼하기 전에 인생의 삼분의 일을 살고, 결혼하고 나서 삼분의 이를 산다. 인생에서 중요한 시기를 배우자와 함께 보내는 셈이다. 그렇기 때문에 배우자는 신중하게 선택해야 한다. 나의 꿈을 이루도록 도와줄 사람인가, 방치할 사람인가, 오히려 방해할 사람인가부터 판단해야 한다.

나름대로 꿈을 이룬 사람, 즉 사회적으로 성공한 사람들은 대체적으로 행복한 가정을 이루고 있다. 가족 간의 대화도 많고 접촉도 많다. 영화나 드라마에서처럼 부부나 부모 자식 간의 심각한 갈등을 안고 있는 경우는 많지 않다. 성공 비결을 물어보면 남자든 여자든 간에 이 말은 빠뜨리지 않는다.

"그 사람이 없었더라면 지금 저는 이 자리에 서지 못했을 거예요!"

나는 처음에는 배우자에 대한 예의상 하는 말이겠거니 여겼다. 그러나 사회적으로 성공한 수많은 사람을 만나면서 결코 빈말이 아님을 깨달았다. 그들은 서로 위로하고 격려하며 수많은 난관을 헤쳐온 '인생 동지'인 것이다.

그렇다면 어떻게 배우자를 선택해야 할까? 그들이 경험을 통해서 알려준 현명한 배우자 선택법을 요약하면 대략 네 가지다.

### 첫째, 나에게 맞는 사람인가?

기본 성격이나 품성, 인생관은 결혼 전에 이미 결정된다. 맞지도 않는데 억지로 맞춰 살려고 하면 서로가 피곤할 수밖에 없다. 네모를 동그랗게 만드느라고 아까운 인생을 허비하느니 처음부터 동그라미를 만나서 사는 게 현명하다.

그렇다면 어떻게 나와 맞는 사람을 찾을 것인가?

공통점이 많은 사람이 나와 맞는 사람일 가능성이 높다. 성격이나 살아온 환경이 비슷해서 이야기가 잘 통하는 사람 중에서 성격이나 품성, 인생관이 유사한 사람을 찾으면 된다.

주변 사람들이 놓치면 평생 후회할 거라고 겁을 주더라도, 나와 공통점이 거의 없는 사람은 과감히 포기하는 게 좋다. 일종의 신비주의에 매료되어 결혼하더라도 결국 성격 차이로 이혼할 가능성이 높다. 나의 인생을 책임져야 할 사람은 이 세상에 오로지 나뿐이라는 사실을 잊지 마라.

### 둘째, 건강한가?

한창 팔팔할 때가 결혼 적령기이기 때문에 배우자의 건강 상태는 무시한 채 덜컥 혼인하는 경우가 많다. 그러다 어느 한쪽이 병에 걸리거나 골골거리면, 행복했던 인생에 불행의 그림자가 짙게 드리운다.

배우자가 아프면 괜히 울적해지고 어깨에 힘이 빠진다. 집안에 생기가 돌지 않는데 무슨 낙으로 일을 하며, 무슨 일이 즐겁겠는가?

태어날 아이를 생각해서라도 배우자의 건강은 사전에 먼저 체크해야 한다. 아이를 잘못 낳아서 평생 불운한 삶을 살아가는 부부도 적지 않다.

결혼 전에는 두 사람 모두 건강검진을 받는 게 좋다. 서로의 건강 상태를 확인해야 감염성 질환이나 유전성 질환 등에 현명하게 대처할 수 있고, 임신 초기부터 2세의 건강을 적절하게 챙길 수 있다.

또한, 육체적인 건강 못지않게 따져야 할 것이 정신적인 건강이다. 사소한 일에도 짜증을 내며 언성을 높이거나, 조울증을 앓고 있거나, 분노 조절 장애가 있는 사람 등은 가급적 피하는 게 좋다. 그런 사람은 폭력을 휘두르거나 자살 같은 극단적 선택을 해서 행복해야 할 결혼생활을 비극으로 몰고 갈 가능성이 높다.

**셋째, 생활력이 강한가?**

경기 침체로 임금 상승률은 낮아진 반면 전반적인 물가가 올랐다. 경제 상황이 미래를 예측할 수 없는 쪽으로 흘러가다 보니 맞벌이를 선호하는 비율이 점점 높아지고 있다. 부모 도움 없이 혼자 벌어서는, 퇴직할 때까지 죽어라 일해도 강남의 아파트 한 채 살 수 없는 게 현실이다.

하지만 결혼 전 직장을 다니고 있다 해서 생활력이 강한 여자로는 볼 수 없다. 결혼 후 아이를 출산하면 평범한 주부로 돌아갈 가능성이 높기 때문이다. 만나서 이야기를 나눠보면 경제 개념이 뚜렷한 데다, 남자가 해고되거나 병에 걸려 입원하면 각종 아르바이트나 노점 상을 해서라도 가족을 돌볼 것 같은 여자들이 있다.

생활력 강한 여자는 대체적으로 자립심이 강하고, 성격이 활달하고, 사교성이 좋고, 낙천적이고, 돈에 대한 나름의 철학을 갖고 있다.

옛날 여자들처럼 입을 것 안 입고, 먹을 것 안 먹으며 돈을 모으지는 않는다. 비록 명품 백은 하나쯤 들고 다닐지라도 허튼 곳에 돈을 쓰지 않고, 같은 물건이면 정보를 얻고 발품을 팔아서라도 최대한 저렴하게 산다. 적은 비용으로 감동적인 생일 파티를 해주고, 여름휴가에 맞춰 가장 저렴할 때 항공권을 구매해놓는다. 물론 재테크에도 관심이 많아서 목돈도 눈덩이처럼 잘 굴린다.

남자든 여자든 외모에 많은 점수를 주는데, 생김새에 혹해서 결혼하게 되면 평생을 돈 걱정으로부터 벗어날 수 없다. 하루에도 서너 번씩 퇴사하고 싶은 충동을 참아가며 벌어온 돈인데 한쪽에서 펑펑 쓴다면 원수도 그런 원수가 없다.

연애가 낭만이라면 결혼은 현실이다. 비록 조금 못생겼고, 키가 좀 작을지라도 생활력이 강한 사람이라면 다시 한 번 생각해볼 필요가 있다. 배우자의 출중한 외모는 부부 동반 모임에서나 빛을 발하지, 가정 내에서는 그리 유용하지 않다. 한평생 외모만 뜯어먹고 살 수는 없지 않은가. 하지만 생활력 강한 배우자를 만난다면 최소한 경제적인 이유 때문에 한숨 쉬지 않아도 된다.

### 넷째, 나를 사랑해주는 사람인가?

세상에는 마음이 포근한 사람도 있는 반면, 마음이 얼음장처럼 차가운 사람도 많다. 연애는 누구하고 해도 좋지만 결혼만큼은 마음이 포근한 사람과 해야 한다.

결혼 전에는 상대를 속속들이 파악하기 어렵다. 데이트 시간도 짧은 데다 매번 비슷한 상황 속에서 하는 대화라서 본성 자체를 파악할 수 없다.

연애 경험이 적을수록 마음이 따뜻한 사람보다는 오히려 차가운 사람에게 끌린다. 나쁜 남자나 쿨해 보이는 성격에 끌려서 결혼했다가 뒤늦게 후회하는 사람도 상당수다.

상대방의 본성을 알려면 가정환경을 들여다보라. 화목한 가정에서 자라나 가족들이 서로 위하고 아낀다면 따뜻한 본성을 갖고 있을 확률이 높다. 반면, 가족들이 서로를 싫어하고 대화조차도 섞지 않으려 한다면 마음이 차가울 확률이 높다.

요리도 많이 먹어본 사람이 잘하듯, 사랑도 받아본 사람이 베풀 줄 안다. 냉기가 도는 가정에서 자란 사람은 섬세하게 마음을 읽을 줄도 모르고, 사랑을 베풀고 싶어도 마음을 표현하는 방법 자체를 모른다.

살다 보면 사랑의 손길이 절실할 때가 있다.

'아, 사는 게 왜 이렇게 힘들까? 더 이상은 버틸 수 없을 것 같아.'

마음이 따뜻한 사람은 그 순간에 말없이 다가와서 꼭 안아준다. 품 안에서 마음껏 울라고 등을 다독여준다. 반면, 마음이 차가운 사람은 그 순간 가슴에 못을 박는 말을 내뱉는다. 그렇지 않아도 벼랑 끝인데 아예 죽어버리라고 등을 떠민다.

결혼하기 전에는 다양한 사람과 연애해보는 게 좋다. 남녀는 유사하게 생겼지만 본질적으로 다른 동물이라는 것을 자연스럽게 깨달을 필요가 있다.

그러나 결혼할 때만큼은 잔정이나 잔재미에 사로잡히지 말고 마음이 따뜻한 배우자를 선택하라. 마음이 따뜻한 배우자는 가정에 안정감을 주고, 인생살이의 은은한 즐거움을 준다.

취업난이 심화되면서 독신과 만혼이 늘고 있다. 정부에서 결혼과 출산을 장려하는 운동까지 벌일 정도로 심각하다.

'결혼은 해도 후회하고 안 해도 후회한다'는 말이 있다. 그러나 가급적 결혼은 적령기에 하는 게 좋다. 결혼 시기를 늦추면 늦출수록 거래에 가까워져서, 좋은 배우자를 만나기 어려울뿐더러 포근하고 화목한 가정을 꾸리기도 어려워진다.

세상은 평화로워 보이지만 그 이면에는 치열한 전투가 계속되고 있다. 혼자서는 죽을힘을 다해서 싸워도 두 명이서 힘을 합쳐 달려들면 이겨낼 수 없다. 결혼은 남과 여, 양과 음의 결합이다. 결혼을 통해 하나가 되면 시너지 효과가 일어날 수밖에 없다.

결혼은 적령기를 놓치지 말고 반드시 하라!

단, 좋은 배우자와 하라. 물론 나 또한 좋은 배우자가 되고자 노력하면서 후회하지 않을 결혼생활을 하라!

# GOOD
# HABIT

Chapter

# 성공으로의
# 안내

# 내 인생의 CEO가 되어라

대다수 사람이 별다른 계획 없이 인생을 살아간다. 자신의 장점과 단점이 무엇인지도 모른 채 무작정 살아간다. 인생이 뜻대로 풀리지 않으면 불운을 탓하고, 잘 풀리면 운이 좋다고 생각한다.

특별한 재능을 지닌 사람은 대충 살아도 빛을 본다. 그러나 평범한 사람이 빛을 보려면 좀 더 치열해야 한다. 비슷비슷한 경쟁자가 많기 때문이다.

인생을 알차게 살기 위해서는 챙겨야 할 것들이 많다. 건강, 경제, 가족, 친구 등등……. 내 인생의 CEO가 되어서 관리해 나아갈 필요가 있다.

건강은 현재 몸 상태를 체크하는 데서부터 시작하라. 앓고 있는 질환은 없는지, 가족력은 무엇인지, 현재 몸 상태로 봐서 차후 조심해야 할 질병은 무엇인지를 파악하는 게 급선무다. 그런 다음 해야 할 운동 및 적절한 식단을 짜서 관리에 들어간다. 무작정 운동을 시작하기보다는 몸에 맞는 효과적인 운동법을 찾는 게 좋다.

경제는 재무제표를 짜서 현재의 재무 상태를 파악하라. 목표 수익을 설정한 뒤, 매년 재무 상태가 나아지고 있는지 혹은 악화되고 있는지 점검한다. 재무 상태가 악화되고 있다면 경영이 잘못된 것이므로 근본 원인을 찾아야 한다. 기본 자산인 시간을 제대로 투자하고 있는지, 투자 대비 성과가 형편없는 곳에다 자산 대부분을 투자하고 있는 건 아닌지 돌아보라. 지출이 수입보다 많을 경우, 지출을 줄이는 한편 수입을 늘려야 한다. 시간을 재배분해서 소득을 올릴 수 있는 새로운 투자처를 찾아라.

가족은 행복이라는 큰 틀 안에서 운영하라. 항상 행복의 양과 질을 높일 수 있는 방법을 강구해야 한다. 휴가나 생일 같은 기본적인 행사는 물론이고, 다양한 이벤트를 통해서 가족 모두가 참여할 수 있도록 틈틈이 아이디어를 마련하는 게 좋다.

친구를 비롯한 중요한 인맥은 자투리 시간을 이용해서 틈틈이 관리하라. 이동 중에 전화로 안부를 주고받거나 그 지역에 갈 일이 있으면 잠깐 얼굴을 보는 식으로 꾸준히 관리할 필요가 있다.

인생은 적절한 균형이 필요하다. 성공하는 데만 집착해서 시간을 모조리 일하는 데 쏟아부으면 가족의 행복이나 친구와의 관계가 멀어진다. 물론 일할 때는 미친 듯이 해야 하지만 틈틈이 전체적인 균형을 잡아줘야 한다.

또한 현재 상황이 아무리 만족스럽다 하더라도 안주해서는 안 된다. 세상 그 무엇도 제자리에 멈춰 있는 것은 없다. 현재 모든 것이 잘 풀리고 있다 하더라도 여유로울 때 새로운 사업을 시작하고, 미래를 위해서 새로운 지식도 쌓아야 한다.

아무 생각 없이 인생을 사는 것과 직접 내 인생의 CEO가 되어서 인생을 개척해 나아가는 것과는 많은 차이가 있다. 큰 욕심 부리지 않고 자연의 순리에 순응하면서 사는 것도 나쁘지는 않다. 그러나 꿈이 있고 성공에 대한 간절한 바람이 있다면, 계획적이고 체계적으로 인생을 살아갈 필요가 있다.

'한가한 인간은 고여 있는 물이 썩는 것과도 같다'는 프랑스 격언이 있다. 깨끗한 마음으로 변화하는 세상의 중심에서 살려면 좀 더 적극적으로 살아갈 필요가 있다.

내 인생의 CEO가 되어라.

인생을 관리하기 시작하면 비로소 인생이 보인다!

# 생각을 계속하면 반드시 이루어진다

A와 B는 고향 친구다.

10대 후반에 고향을 떠난 그들은 30대 중반이 되어서 우연히 마주쳤다. A는 상가 건물을 세 채 지닌 건물주가 되어 있었고, B는 트럭을 몰고 다니며 과일 장사를 하고 있었다.

출발은 비슷했는데 너무도 달라진 A의 모습에 B는 충격을 받았다.

"그 많은 재산을 모은 비결이 뭐야?"

"방법은 간단해! 고향을 떠나는 순간부터 줄곧 부자가 되어야겠다고 생각했어. 그러다 어느 날 갑자기 돌아보니까 부자가 되어 있더라고."

"농담하지 말고…… 그렇게 쉽게 부자가 될 수 있다면 세상에 부자 아닌 사람이 없게?"

"내 말이 믿기지 않지?"

"그런 황당한 말을 누가 믿겠어?"

"좋아! 내 말이 진짜인지 거짓인지 직접 확인해봐."

"어떻게?"

"일단 십만 원만 생겼으면 좋겠다고 생각해봐. 기간은 딱 한 달이야!"

"생각만 하면 된단 말이지?"

"그래! 대신 간절해야 해. 밥 먹을 때는 물론이고, 잠잘 때도 잊으면 안 돼! 알았지?"

A의 다짐에 B는 건성으로 고개를 끄덕였다. 이내 돌아서면서 잊어버렸는데 며칠 지나자 이상하게도 A의 말이 머릿속을 맴돌았다.

"까짓것! 밑져야 본전인데 한번 해보자!"

B는 그때부터 '제발, 십만 원만 생겨라!' 하고 속으로 주문을 외우기 시작했다. 아침에 눈을 뜰 때부터 잠자리에 누울 때까지 계속 주문을 외웠다.

그러던 어느 날이었다. 과일 실은 트럭을 몰면서 동네를 천천히 도는데 어느 집 앞에 멀쩡한 책상과 박스가 쌓여 있었다. 그 옆에 마침 중년 부인이 서 있어서, B는 버리는 책상이면 가져다 팔면 돈이 되겠다 싶어서 물었다.

"그 책상, 버리시는 거예요?"

"아니오! 우리 둘째가 결혼해서 애들 집으로 보내려고 내놓은 거예요. 용달을 부르려고 전화해도 계속 통화 중이네요."

"아, 그래요?"

평상시 같았으면 거들떠보지도 않았을 텐데 10만 원 생각을 간절히 한 때문인지 마음이 흔들렸다.

"아주머니, 제가 대신 실어다 드릴까요?"

"그래주시겠어요?"

여자가 반색하며 수고비조로 3만 원을 주었다.

잠시 장사를 못 했지만 시간 대비 상당히 높은 수익이었다. 부수입에 재미 붙인 B는 과일 장사를 하며 돈이 될 만한 일을 찾아다녔다. 예전에는 몰랐는데 막상 눈에 불을 켜고 찾기 시작하자 소소한 일거리가 제법 있었다.

B는 한 달이 되기 전에 10만 원을 모을 수 있었다. 목표를 달성하고 나자 비로소 '간절히 원하면 부자가 될 수 있다'는 A의 말에 확신을 갖게 되었다.

'내가 간절히 원한다면 과일 가게도 차릴 수 있겠지?'

B는 그 뒤로 하나씩 목표를 높여나갔고, 쉰다섯 살에 운송 회사 사장이 되었다.


'인생찬가'로 유명한 시인 롱펠로는 "소망이란 결국 어떤 종류의 아침을 기다리는 것이다"라고 했다. 무엇인가를 간절히 바라면 어둠 속에서 해가 떠오르듯 마침내 소망이 이루어진다.

성공은 생각의 나뭇가지에 열린 열매에 불과하다. 얼핏 보면 열매를 맺게 한 것은 나뭇가지처럼 보인다. 그러나 뿌리에서 자양분을 흡수하지 못한다면 열매가 열릴 수 없다.

인간은 하루에도 수만 가지 생각을 한다. 그 속에는 '좋은 생각'도

헤아릴 수 없이 많다. 그러나 아무리 '좋은 생각'이라도 붙들지 않으면 소용이 없다. 성공하고 싶다면 막연하게 생각하지 말고, 간절하게 생각해야 한다.

간절한 마음이 계획을 낳고, 계획이 행동을 낳고, 행동이 결과를 낳는다.

생각은 스쳐지나가는 바람 같아서 붙들기가 힘들다. 그러나 한 번 붙들어놓으면 무의식중에도 계속 진행된다. 생각은 자기 복제를 한다. 하나의 생각이 비슷한 생각을 낳고, 그 생각이 또 다른 생각을 낳는다. 그 생각들이 하나의 다리처럼 길게 이어지면 계획이 되고, 계획은 행동에 들어가라고 재촉한다.

좋은 집을 한 채 갖고 싶은가?

그럼 갖고 싶은 좋은 집을 정한 뒤, 그 집 앞을 매일 지나다니면서 간절히 원하라. 그 마음이 간절해지면 계획을 세우게 되고, 돈을 모으기 위한 구체적인 행동에 들어가서 마침내 그 집을 갖게 된다.

성공하고 싶은가?

그럼 성공하고 싶다 간절히 원하라. 간절함이 절실하면 절실할수록 목표를 향해 진격하는 속도 또한 빨라지리라.

# 협상할 때 상대방의 입장도 헤아려라

●

협상을 해보면 자신들의 입장만을 고수하는 기업이나 사람이 있다. 대개 칼자루를 쥐고 있는 경우다. 기본 방침을 정해놓고 그 선에서 한 발짝도 물러서려 하지 않는다. 그런 기업이나 사람은 위기 대처 능력이 떨어진다.

IMF 외환위기 때 자금 사정이 어려워진 중소기업 사장 J는 납품 업체인 W사를 찾아갔다. 6개월짜리 어음으로는 버틸 수가 없으니 3개월짜리로 끊어달라고 머리를 조아리며 간청했다. 그러나 충분한 자금을 확보하고 있었음에도 W사 간부는 회사 방침이라며 일언지하에 거절했다.

세월이 흘러 어느 날 J에게 W사의 경쟁사 직원이 찾아왔다. 더 좋은 조건을 제시하며 W사와의 거래를 끊고 자기네와 같이 일해보자고 했다. J는 해묵은 감정을 떠올렸고, 즉시 수락했다.

부도 위기에 몰려 있던 W사는 하청 업체마저 일제히 경쟁사 편으로 돌아서는 바람에 제때 물건을 생산해내지 못했다. 결국 W사는 부도가 나고 말았다. 상대의 입장은 무시하고, 협상할 때 자신들의 이익만 챙긴 결과였다.

기업은 하루살이가 아니다. 협상할 때는 현재 이익 못지않게 미래 이익도 염두에 두어야 한다. 현재 이익에만 집착하는 기업은 오래 지속될 수 없다.

성공한 사람은 협상할 때도 상대의 입장을 고려한다. 그렇다고 손해 보면서 협상한다는 뜻은 아니다. 아무래도 팔은 안으로 굽는 법! 유리한 쪽으로 협상을 이끌되, 상대를 궁지에 몰아넣지는 말아야 한다.

협상은 힘이 있는 쪽에서 주도하게 되어 있다. 그런데 그 힘을 믿고 협상이라는 명분하에 상대방을 난도질하는 경우도 빈번하다. 칼만 안 들었지 강도나 진배없는 협상가가 많은 게 현실이다.

현명한 협상을 하려면 상대에 대한 사전 정보를 챙겨야 한다. 어느 정도 조건에서 협상이 이뤄져야 상호 만족할 협상이 될 것인지 사전에 정확히 파악해두어야 한다.

이해하기 쉽게 하나의 예를 들어보자.

K는 쌀 도매업을 하는 아버지 밑에서 자랐다. 아버지는 추수가 끝나면 전국을 돌아다니며 쌀을 사들였다. 그러나 아버지의 수매 가격은 어디를 가도 일정치 않았다. 풍년인 지역에서는 싼값에 사들였고, 흉년인 지역에서는 돈을 더 얹어주었다. 어린 K는 아버지의 상술을

도무지 이해할 수 없었다.

"아버지! 풍년 든 지역에서 쌀을 몽땅 사면 이익인데, 왜 나눠서 사세요?"

그러자 아버지가 반문했다.

"만약 내년에 흉년 든 지역에 풍년이 들고, 풍년 든 지역에 흉년이 들면 어떡하고?"

"다시 풍년 든 지역에서 사면 되죠!"

"그럼 너라면 흉년이 들 때는 거들떠보지도 않았던 나에게 쌀을 싼값에 넘기겠니?"

그제야 K는 머리를 끄덕였다.

세월이 흘러 K는 대학을 졸업하고 구매부에 취직했다. 아버지의 가르침을 명심해서 협상할 때는 상대의 입장을 충분히 헤아렸다. 그러나 협상이라는 것이 제로섬게임(zero-sum game)에 가깝다 보니 막상 실천하기란 쉽지 않았다. 회사에서는 최대한 납품 단가를 낮추려 했고, 협력 업체에서는 생존권이 달린 문제이다 보니 쉽게 물러서지 않으려 했다. 판매 마진 폭이 적어서 밀어붙이기도 곤란했고, 그렇다고 회사 방침을 어기고 협력 업체의 사정을 들어주기도 어려웠다.

동료들은 회사의 이익을 위해서 협상했지만 K는 협력 업체가 어려울 때는 한 발짝 물러나서 거래했다. 회사 방침으로 납품 단가를 인상해줄 수 없을 때는 납품 수량이나 기간을 조절해주거나 결제방식을 바꿔주었다.

상사와 자주 충돌해야 했던 K는 어렵사리 부장으로 승진했다. 그런데 예기치 못했던 사고가 터졌고, 누군가가 책임져야 할 상황이 되었다. K는 모든 책임을 떠안고 사퇴했다.

집에서 쉬고 있으니 협력 업체 사장들이 찾아왔다. 물품을 외상으로 대줄 테니 사업을 해보라고 했다. K는 작은 사무실을 얻어 사업을 시작했고, 불과 10년 만에 전에 다니던 회사에 비견할 만큼 자사를 성장시켰다.

성공한 사람은 이렇게 말한다.

"소인은 협상할 때 눈앞의 이익만을 보고, 대인은 내일을 본다. 비록 칼자루를 쥐고 있다 해도 무자비하게 휘두르지 마라. 돈을 잃은 자는 다시 일어설 수 있지만 인심을 잃은 자는 결코 재기할 수 없다."

# 04

## 하고 싶은 일은 즉시 시작하라

장미 화원을 하는 사람들은 장미가 만개할 때까지 기다리지 않는다. 장미가 만개하기를 기다렸다가 시장에 내놓으면 늦기 때문이다. 꽃봉오리가 맺혀서 개화를 준비하는 시기가 바로 시장에 내놓을 적기다.

아이디어도 마찬가지다. 좋은 아이디어가 떠올랐다면 그 즉시 실행하는 게 좋다. 만개하기를 기다렸다가는 너무 늦어버린다.

즉시 실행하는 것도 습관이다.

A와 B가 20대 초반까지 비슷한 환경에서 자라왔다고 가정해보자. A는 즉시 실행하는 습관을 갖고 있고, B는 나중으로 미루는 습관이 있다고 한다면 두 사람의 삶은 판이하게 달라진다.

누가 더 풍요로운 삶을 살 것 같은가?

실행은 기회다. 기회를 향해 손을 뻗는 것은 단순하게 잡을 수 있느냐 없느냐의 문제가 아니다. 아무리 기회가 미꾸라지와 속성이 비슷하다 할지라도 여러 번 손을 뻗다 보면 한 번쯤은 잡게 되어 있다.

아이디어에만 매달리지 마라. 계획만 세우지 마라. 장미가 만개하기만을 기다리지 마라. 원하는 것을 얻는 최고의 방법은 즉시 실행하는 습관을 기르는 것이다.

일단 실행해보면 모든 게 명확해진다. 성공 가능성이 희박한 일일지라도 포기하지 않고 계속 도전하다 보면 성공 방법을 찾게 된다. 머릿속으로만 도전했다 포기하는 사람은 실상 얻는 게 없다. 하지만 즉시 실행하는 사람은 설령 실패하더라도 그 과정에서 많은 것을 깨닫게 된다.

인간은 실패에 대한 과장된 두려움을 안고 살아간다. 뇌는 자신의 안전을 지나치게 추구하는 경향이 있어서, 성공은 냉철한 시선으로 바라보지만 실패에 대해서는 돋보기를 들이대고 바라본다.

즉시 실행하는 습관을 지닌 사람들은 경험을 통해 실패의 두려움이나 그로 인한 후유증을 줄이는 방법을 알고 있다. 일단 실행해보면 금세 느낀다. 미비한 점을 보완하거나 시간이 흐르면 성공 가능성이 높아질 수 있는지, 그렇지 않은지! 아니다 싶으면 즉시 철수한다. 그래야만 경제적인 비용도 절감하고, 시간도 절약하고, 다음을 기약할 수 있다.

우리 주변에 보면 매번 되지도 않는 일을 벌이는 사람들이 있다. 무언가를 시작했나 싶었는데 얼마 안 가서 접고, 한동안 잠잠하다 싶었는데 다시 시작하는 사람들……. 한심해 보이지만 결국 그런 사람이 성공한다. 그런 사람이 미꾸라지 같은 기회를 잡는다.

성공 속에는 실패의 요인이 숨어 있고, 실패 속에는 성공의 요인이 숨어 있다. 실패만 거듭하던 사람이 어느 날 갑자기 성공하는 까닭이다.

경영학자이자 베스트셀러 작가인 피터 드러커는 말한다.

"좋은 계획에서 좋은 행동으로 가는 길처럼 먼 것은 아무것도 없다. 성공한 사람 모두를 묶어주는 공통점은 결정과 실행 사이의 간격을 아주 좁게 유지하는 능력이다. 미룬 일은 포기해버린 일이나 마찬가지다."

즉시 실행하는 습관을 길러라!

초기에는 다소 비용이 들 수도 있다. 하지만 몸에 배면 수천 배의 이익을 얻을 수 있다. 또한 한 번뿐인 인생이 풍요로워진다.

# 05

## 상처를 치료해주면 은혜를 잊지 않는다

사회란 보이지 않는 검이 난무하는 활극의 장이다. 서로 미소를 짓고 있지만 가슴에 시퍼런 비수를 감추고 있는 이들이 적지 않다.

사회생활을 하다 보면 아무리 조심해도 이런저런 상처를 입게 마련이다. 누군가 무심코 던진 말 한마디에, 의욕적으로 추진했던 일이 갑자기 무산될 때, 진심으로 위해줬는데 결과가 배신으로 돌아올 때 마음에 상처를 입는다.

당신 주변에도 상처 입은 사람이 한 명쯤은 있을 것이다. 주의력만 있다면 가정 문제든, 돈 문제든, 회사 문제든 간에 상처를 입고 실의에 빠져 있는 사람을 찾아내기란 그리 어렵지 않다.

내상은 외상처럼 피를 철철 흘리지 않기 때문에 대부분 알면서도 모른 체하고 지나가게 마련이다. 나하고는 별반 상관이 없기 때문이다.

그 사람의 평소 처신이 어떠했는지는 성공했을 때보다 실패했을 때 명확히 드러난다. 사람을 성공 도구로 사용했던 이에게는 빚쟁이만 바글거리고, 마음을 열고 진심으로 대했던 이에게는 지인들의 발길이 꾸준히 이어진다.

우리는 어려서부터 '은혜를 입으면 그 은공을 알아야 인간이다'라고 배웠다. 하물며 호랑이, 까치, 뱀도 은혜를 아는데 만물의 영장인 인간이 은혜를 모르면 짐승보다 못하다고 배웠다. 어릴 적 교육이 머릿속 깊숙이 각인되기 때문일까? 우리는 누군가에게 크고 작은 은혜를 입게 되면 쉽게 잊지 못한다.

마음의 여유가 있다면 상처 입은 사람을 치료해주는 게 좋다. 무심코 행한 선행이 위급한 상황에 빠졌을 때 목숨을 건지는 동아줄이 될수도 있다. 세상 모든 사람이 비난하며 돌멩이를 던질 때, 누군가 나타나서 온몸으로 돌을 막아줄 수도 있다.

그러나 한 가지 명심할 점은 선행을 베풀고 나면 그 즉시 잊어버리라는 것이다. 기억하고 있다 보면, '내가 어떻게 해줬는데 저 인간이 나한테 그럴 수 있어?'라는 마음이 은연중에 들게 된다. 실망은 기대가 낳은 자식이다. 기대가 없다면 실망도 없다.

화장실 들어갈 때와 나올 때가 다른 게 사람 마음이다. 상황이 바뀌면 사람의 마음도 바뀔 수 있다. 그래도 탓하지 마라. 그냥 그러려니 해라. 자존심을 건드리지 않고 성심 성의껏 치료해주었다면 언젠가는 은혜를 갚을 것이다.

사회생활을 하다 보면 번거롭기도 해서 대개는 지나치는데 다음의 네 가지 경우는 각별히 신경 써라.

**하나, 부하 직원이 큰 실수를 저질렀다면 질책하지 마라.**

그는 이미 혼자서 수많은 자책과 반성을 했다. 상사의 질책을 이미 예상하고 있다. 물이 넘치는 통 안에 물을 들이부어봤자 아무 소용이 없다. 그럴 때는 차라리 따뜻하게 감싸주고 격려해줘라.

**둘, 따돌림 당하는 직원을 가까이하라.**

그가 동료이든 부하 직원이든 상사이든 간에 집단으로 따돌림 당하면 가까이 다가가서 벗이 되어라. 소외받는 사람에게 절실하게 필요한 것은 따뜻한 숨결이다. 특출한 장점을 지닌 사람일수록 작은 결함을 지니고 있기 쉽다. 사람들이 따돌리는 건 작은 결함 때문이니 그의 장점을 보도록 노력하라.

**셋, 급박한 돈은 융통해줘라.**

도박 빚에 쪼들리는 사람이나 낭비벽이 심한 사람은 외면하라. 그는 돈이 생기면 다시 도박이나 쇼핑을 할 것이다. 그러나 병원비나 학비와 같은 꼭 써야 할 돈이라면 융통해줘라. 수중에 돈이 없다면 동료들로부터 십시일반으로 걷어라. 동료들과 같은 액수의 돈을 내더라도 그는 당신의 따뜻한 마음만을 기억할 것이다.

**넷, 책임질 수 있다면 빚보증을 서줘라.**

누군가 빚보증을 서달라고 찾아왔다면 그는 당신과 아주 가까운 사람이다. 당신을 찾아오기까지 아주 힘들었을 것이고, 말을 꺼내기까지 몹시 힘들었을 것이다.

일단 말을 아껴라. 보증을 서주겠다는 말도, 안 서주겠다는 말도 하지 마라. 묵묵히 보증 조건부터 살펴라. 당신이 책임져야 할 액수와 한도를 정확히 확인하라. 만약 그가 빚을 못 갚을 경우에 그 돈을 대신 내주겠다는 결심이 섰다면 비로소 보증을 서줘라.

만약, 감당할 수 없는 액수라면 단호히 거절하는 것이 서로에게 좋다.


세상은 돕기도 하고 도움도 받으며 사는 곳이다. 세상을 지혜롭게 살고 싶다면 베푸는 일에 인색하지 마라. 지나친 경쟁의식에 사로잡혀, 다른 사람이 불행해지기를 바라면 그 화살은 언젠가 자신에게 되돌아온다.

대인관계를 할 때는 역지사지의 정신이 필요하다. 만약 당신이 지인이라고 생각했던 사람을 찾아가 도움을 요청했는데 무성의하게 대한다면 얼마나 실망스럽겠는가? 당신이 무릎 꿇고 손을 내밀었는데 그 손을 뿌리친다면 얼마나 치욕스럽겠는가?

뿌린 대로 거두는 것이 세상이다.

어려운 상황에서 도움을 청했을 때 상대방의 반응만 보아도, 그동안 어떻게 세상을 살아왔는지 짐작할 수 있다. 물심양면으로 돕기 위해서 노력한다면 그래도 인생을 제대로 산 것이다. 재기할 가능성 또한 높다. 그러나 그 반대의 경우라면 지금까지의 처세를 되돌아볼 필요가 있다.

# 안에서 대접받는 사람이 밖에서도 대접받는다

남자와 여자가 처음 만나면 동갑이든 나이 차이가 나든지 간에 서로 존댓말을 쓴다. 좀 더 가까워지면 동양의 예절에 따라서 서로 말을 트거나 한쪽만 말을 놓는다. 그러다 결혼하고 나면 예절 따위는 안 지켜도 된다고 생각하는지 막말도 서슴지 않는다.

부부 동반 모임에 나가보면 결혼한 지 오래되었음에도 서로 경어를 쓰는 부부가 더러 있다. 듣기에도 좋고, 서로가 여전히 끔찍하게 아끼며 사랑하는 것 같아 보기에도 좋다.

그와는 반대로 아내나 남편을 종 부리듯 하는 부부도 있다. 말도 막하고, 화가 나면 심한 욕까지 내뱉는다. 평상시 생활해왔던 모습의 연장이겠지만 옆에서 보고 있으면 눈살이 절로 찌푸려진다.

모임이 끝나면 사람이 달리 보인다. 부인이 존중해주던 남자는 함부로 대해서는 안 될 것 같고, 부인으로부터 온갖 타박을 받던 남자는 막 대해도 괜찮을 것 같은 기분이 든다.

'집 안에서 새는 바가지 밖에 나가도 샌다'라는 옛말이 맞다. 부부 사이는 아무리 허물이 없다고 해도 함부로 대해서는 안 된다. 부부에게도 갖춰야 할 예절이 있는 법이다.

효자, 효부는 금슬 좋은 부부 밑에서 나온다. 어느 한쪽이 먼저 세상을 떠도, 자식은 부모가 서로를 위하는 모습을 보고 자랐으므로 그 빈자리를 대신 채우려고 노력한다. 부부가 서로를 막 대하면 자식 역시 부모에게 그래도 되는 줄 알고 막 대하게 된다.

직장에서도 마찬가지다.

신입 사원이 입사하면 상사들도 처음에는 경어를 사용한다. 그러다 술자리에서 '형님', '아우'가 되고 상사가 자연스럽게 말을 놓게 된다. 부하 직원이 아우이고, 상사가 형님이다 보니 그 뒤로는 거칠 것이 없다. 막말은 예사고 심한 경우에는 따귀를 올려붙이기도 한다.

한국의 CEO들은 비즈니스계를 전쟁터라고 생각하기 때문에 확실한 명령 체계를 선호한다. 그래서 여전히 수직적인 조직 문화를 고수하는 곳이 많다. 젊은 인재들이 구시대적인 조직 문화에 적응하지 못하고 떠나가도 고치려 하지 않는다. 부정적인 면도 있다는 건 인정하지만 일을 신속 정확하게 처리하기 위해서는 어쩔 수 없다고 변명한다.

그러나 부하 직원도 인격체다. 인격을 존중해줄 때 일의 능률도 오르는 법이다. 명령에 의해 마지못해 하는 일과 자발적으로 하는 일은 분명한 차이가 있다.

거래처에 두 사람이 나갔는데 상사는 부하 직원에게 사소한 일로 신경질을 내고, 부하 직원은 등 뒤에서 상사를 욕한다면 그 회사는 조만간 부도날 확률이 높다.

회사가 잘나갈 때는 불평불만이 밖으로 표출되지 않는다. 터뜨려 보았자 손해이기 때문에 참고 만다. 그러다 조직에 균열 조짐이 보이면 쌓였던 불만이 터져 나온다. 더 이상 참아야 할 이유가 없기 때문이다.

나이 어린 부하 직원일지라도 예의를 갖춰서 대하라. 그럼 거래처 직원도 예의를 갖춰 그 직원을 대할 것이다.

생각해보라. 거래처 직원이 말단 직원에게까지 예의를 갖춰 대한다면, 상사인 당신을 대할 때는 어떻겠는가?

HABIT

# 07

## 일과 여가를 구분하라

드라마는 시대를 반영한다. 드라마를 보면 그 시대 사람들의 생활 모습은 물론이고 가치관까지 엿볼 수 있다.

과거의 드라마에 자주 등장했던 남성상은 '자생적 일벌레'였다. 고도 경제 성장을 이끌어왔던 주역임에도 드라마에서는 애인을 헌 신짝처럼 버리는 야심가나, 아내가 바람을 피우도록 근본적인 원인 을 제공한 무책임한 남편으로 그려졌다.

돈의 가치가 높아져가는 시기였고, 평생직장의 개념이 박혀 있던 시기였다. 직원들의 출세욕과 맞물린 회사에 대한 충성도는 그 어느 때보다 높았다. 밤늦은 시간에도 빌딩마다 불이 환히 켜져 있곤 했다.

그러나 요즘 드라마에서 '자생적 일벌레'는 찾을 수 없다. 아내나 애인에게는 일한다고 해놓고는 엉뚱한 장소에서 바람피우거나 주말에 야외 활동을 하는 직장인뿐이다.

산업 사회에서 정보화 사회로 넘어오면서, 직장인의 화두는 '일'에서 '여가'로 바뀌었다. 일자리가 줄고 빈부 격차는 커졌다. 자동화 시스템과 경기 침체로 인해 굴뚝 산업 종사자는 줄어들었고, 임시직과 비정규직은 늘어났다. 자영업자의 증가로 내수 경기 활성화가 중요한 경제정책이 되면서 소비가 미덕인 사회가 되었다.

현대인은 일하기 위해 여가를 즐기고, 여가를 즐기기 위해서 일한다. 떠나기 위해 열심히 일하고, 일하기 위해 열심히 떠난다. 여전히 '월화수목금금금' 일하는 직장인도 있지만 주5일제 근무가 무사히 정착했다. 공항에 가면 금요일 저녁에 출발했다가 월요일 새벽에 돌아오는 직장인 여행객을 어렵잖게 찾아볼 수 있다.

근무시간 단축으로 업무 효율은 높아졌다. 일부 직장에서는 특정 시간 집중근무제를 도입해서, 그 시간대만큼은 모든 직원이 업무만 집중할 수 있도록 분위기를 조성한다.

일할 때 일하고, 쉴 때 쉬는 건 회사에도 직원에게도 바람직한 일이다. 회사에서는 야근 수당이나 주말 수당을 비롯한 각종 인건비와 부대 비용을 줄일 수 있고, 직원은 충분한 휴식을 통해서 일하는 즐거움을 느낄 수 있다.

그러나 여전히 일과 여가를 구분하지 못하는 사람들도 있다. SNS를 회사 사람들과 함께 공유하다 보니, 퇴근 후나 주말에도 수시로 문자가 뜬다. 딱히 업무를 지시하는 내용이 아니더라도 들여다보는 것 자체가 스트레스다. 주말에는 통화 외에는 가급적 휴대전화를 멀리하는 게 좋다. 그건 뇌의 입장에서 보면 휴식이 아닌 업무의 연장이다.

또한 직장 동호회가 활성화되어서 동료나 직장 상사와 함께 각종 야외 활동을 하기도 한다. 원래 사람과의 만남 자체를 좋아하는 성격이라면 괜찮지만 수직적 혹은 수평적 인간관계로 인해 스트레스를 받는 성격이라면 아예 가입하지 않는 게 좋다. 인맥 쌓으려다가 이미 지도 나빠지고 스트레스만 가중된다.

저널리스트인 크레이그 램버트에 의하면 바쁜 현대인들은 아무 대가 없이 일하는 '그림자 노동'에 시달리고 있다고 한다. 각종 비용을 절감하려다 보니, 소비자들이 셀프로 해야 하는 일들이 늘어났기 때문이다.

과다한 업무나 스트레스는 인체에 축적된다. 성공하기 위해서는 놀라운 집중력을 발휘해야 한다. 피로나 스트레스 자체 정화 능력이 뛰어나지 못하면 중간에 도태될 수밖에 없다.

일과 여가를 구분하라! 자유로운 여가 활동은 인체를 재충전할 뿐만 아니라 새로운 영감을 불어넣어준다.

# 빠른 결단이 성패를 좌우한다

세상만사에는 타이밍이 있다.

스포츠는 타이밍이 중요하다. 뛰어난 투수는 다양한 볼 배합으로 타자의 배팅 타이밍을 빼앗고, 득점력이 높은 축구 선수는 타이밍을 놓치지 않기 위해 논스톱으로 슛을 한다. 감독 또한 승부를 유심히 지켜보다가 적절한 타이밍에 선수 교체를 한다.

부모님에게 용돈을 타내는 데도 타이밍이 있고, 상사에게 보고서를 올리는 데도 타이밍이 있고, 프러포즈를 하는 데도 적절한 타이밍이 있다.

물론 사업을 시작하는 데도 타이밍이 있다. 아무리 완벽한 사업계획서를 짜놓았더라도 타이밍을 놓치면 실패한다.

그런데 문제는 타이밍을 지나치게 재다가 시작할 시기를 놓치는

데 있다. 뒤늦게 '그때 OO을 했어야 했는데⋯⋯'라고 후회해봤자 이미 흘러간 시간이요, 훨훨 날아가버린 기회이다.

세상은 결단의 연속이다. 수많은 선택의 갈림길에서 인간은 무수히 많은 결단을 내리며 살아간다. 어떤 결단은 생각할 여유가 있고 어떤 결단은 그 즉시 내려야만 한다. 물론 대개는 결단이 빠를수록 좋다.

성공하는 사람들은 결단이 빠르다. '이거다!' 싶으면 무서운 속도로 밀어붙인다. 경쟁자가 책상 앞에서 사업 전망과 순수익을 계산하느라 계산기를 두드리고 있을 때, 혹은 적절한 타이밍을 이리저리 재고 있을 때, 이미 모든 준비를 끝내고 사업을 오픈한다.

그들은 경험이나 직감을 통해서 알고 있다. 다른 사람보다 한발 먼저 시작해야 쇠스랑으로 낙엽 모으듯이 돈을 긁어모을 수 있다는 것을!

그러나 대다수 사람은 반대로 행동한다. 기발한 아이디어와 훌륭한 사업 계획을 갖고 있어도, 수없이 계산기를 두드리고 수많은 자문을 구한다. 이것저것 재는 사이에 사업 계획이 새나거나 비슷한 아이디어를 지닌 사람이 등장한다. 일단 누군가 사업을 오픈해서 성공을 거두면 그제야 부랴부랴 시작한다. 그때는 이미 늦었다. 돈 냄새를 맡고 몰려든 하이에나들로 자기 살 떼어먹기 식의 무한 경쟁이 펼쳐진다. 결국 사업은 실패로 돌아가고, 결단력 부족을 탓하며 후회의 눈물을 흘린다.

대체적으로 쉽게 결단을 내리지 못하는 까닭은 인간의 심리가 모험보다는 안정을 선호하기 때문이다. 성공에 대한 쾌감보다 실패에 대한 두려움이 더 크기 때문이다.

성공하려면 실패에 대한 두려움을 극복해야 한다. 두려움은 상상하면 할수록 점점 더 커지므로 어느 정도 준비가 됐으면 일단 시작하는 게 좋다. 막상 시작하면 뇌는 성공할 수 있는 구체적인 방법을 모색하기 시작한다. 자신감은 점점 커지고 두려움은 작아진다.

20세기 대표 지성 버트런드 러셀은 "재능 있는 사람이 가끔 무능하게 행동하는 것은 성격이 우유부단하기 때문이다. 망설이는 것보다는 실패가 낫다"고 말했다.

현대 사회는 수평적 사회이고 정보화 사회이다. 과학과 IT의 발달 등으로 변화의 속도 또한 점점 빨라지고 있다. 지금 아무리 기발한 아이디어를 갖고 있더라도 몇 달, 아니 몇 주만 지나면 시들해져버린다.

한가하게 이것저것 재고 있을 틈이 없다.

지금 당장 시작하라!

# 위기를 즐겨라

배를 타고 긴 항해를 하면서 맑은 날만 계속되기를 기대한다면, 아직 세상 물정 모르는 애송이다.

바다는 거울처럼 잔잔해 보여도 어딘가에 집채 같은 파도를 감추고 있고, 바람은 솜털처럼 부드러워도 커다란 선박을 단숨에 뒤집어 버릴 만한 태풍을 감추고 있게 마련이다.

선장의 역량이 발휘되는 건 순조로운 항해 때가 아니라 파도가 높고 태풍이 휘몰아칠 때다. 뛰어난 선장은 강한 의지와 냉철한 판단력으로 선원들을 독려해 풍전등화와 같은 절체절명의 위기를 벗어난다.

사업도 마찬가지다. 순풍에 돛 단 듯 모든 일이 순조롭게 진행되다가도 어느 시기에 이르면 반드시 위기에 직면한다.

사업가로서의 자질을 가늠해볼 수 있는 것도 위기가 닥쳤을 때다. 뛰어난 사업가는 현재의 상태를 정확히 임직원들에게 알려서 위기 의식을 함께 공유한다. 그런 다음 위기를 벗어나겠다는 강한 의지와 함께 적절한 대안을 제시한다. CEO의 일사불란한 지휘하에 기업은 위기를 벗어난다.

큰 위기를 어려움 없이 넘겼다면 CEO의 탁월한 리더십도 칭찬할 만하지만 조직 자체가 잘 짜여 있다고 보아야 한다. 내부적으로 문제가 있는 조직은 평상시에는 무난해 보여도, 위기가 닥치면 불평불만을 터뜨리며 서로 책임을 떠넘기려고 하다가 자멸한다.

잘 짜인 조직은 평상시에는 복지나 임금 인상안 등을 놓고 시끄럽다. 외부에서 보면 문제가 많아 보이지만 위기가 닥치면 전 직원이 서로 지혜를 모아서 위기를 수습한다. 회사와 직원이 둘이 아니라는 사실을 모두가 인지하고 있기 때문이다.

세상에는 위기 자체를 즐기는 사업가들도 상당수다. 위험부담이 큰 일은 그만큼 수익성도 높기 때문이다. 그래서 배수진을 치고 새로운 사업을 벌이기도 한다.

사업을 하려면 위기를 두려워해서는 안 된다. 위기는 일의 한 부분이요, 나를 단련시켜주는 좋은 스승이다. 비 온 뒤에 땅이 굳는다고 한 차례 위기를 겪고 나면, 애사심도 높아지고 조직원들의 결속력도 좋아진다.

개인 사업자도 마찬가지다. 안전한 길로만 여행하면 아름다운 경치를 놓칠 수밖에 없듯이, 안전만 추구하다 보면 돈 벌 기회가 없다. 때로는 위기를 감수해야만 기회를 잡을 수 있고, 한 단계 더 업그레이드할 수 있다.

부딪칠 때는 부딪쳐야 한다. 어설프게 피하려다가는 돌이킬 수 없는 상처를 입는다. 어차피 피할 수 없는 상황이라면 온몸으로 부딪쳐라.

계산상으로는 도저히 타개할 수 없는 상황일지라도 막상 부딪쳐 보면 돌파할 수 있는 길이 보인다. 인류의 역사 자체가 수많은 위기를 헤치며 살아왔기 때문에, 인간의 유전자 속에는 난관을 헤쳐 나아가는 데 필요한 에너지가 숨어 있다.

《달과 6펜스》의 저자 서머싯 몸은 "위기를 바꾸는 사람은 누구인가? 그것은 곧 포기하지 않는 사람이다"라고 했다. 스스로 포기하지 않는다면 위기는 오히려 기회가 될 수 있다.

위기가 닥쳐서 눈앞이 깜깜할지라도 이 사실만큼은 잊지 마라. 가장 힘들 때가 정상 근처라는 것을!

힘을 내자! 조금만 더 가면 성공의 짜릿한 기분을 맛볼 수 있다.

# 청결한 이미지를 유지하라

세상을 살아가는 데에서 이미지는 매우 중요하다. 마음을 움직이는 보이지 않는 힘이 바로 이미지이기 때문이다.

관광청은 해마다 공항에서 국내여행을 마치고 돌아가는 해외여행자들을 대상으로 간략한 설문 조사를 실시한다. 전체적으로 한국에 대한 이미지를 묻는 내용이다. 가장 기억에 남는 여행지, 좋아하는 음식, 한국인의 친절도, 개선했으면 하는 점 등등……. 질문 내용은 다양하지만 한 단어로 압축한다면 '청결'을 묻는 것이다. 전체적으로 '청결'한 이미지로 남아야만 소문도 좋게 나고, 다시 찾아온다.

사업도 비슷하다. KFC나 맥도날드 같은 글로벌 체인점이 한국을 비롯해서 세계적으로 성공할 수 있었던 비결 중 하나는 청결이다. 빠르고 간편한 메뉴도 비결이겠지만 청결한 매장의 이미지를 빼놓을 수 없다. 세계 어떤 매장을 방문하든지 간에 똑같은 느낌을 줄 수 있도록 매장의 색상을 통일하고, 통일된 유니폼을 입게 한다. 매장의 청결이 음식에 대한 이미지를 더욱더 깔끔하게 만들어주고, 결과적으로는 브랜드의 가치를 높여준다.

사람도 마찬가지다. 이미지가 청결한 사람은 많은 사람이 찾게 된다. 만남 자체가 즐겁고 부담이 없기 때문이다.

청결한 이미지를 잠깐 동안 유지하는 건 어렵지 않다. 작정하면 누구나 연출할 수 있다. 하지만 오랜 세월 유지하기란 쉽지 않다. 세월이 지나면 모든 것이 낡고 빛이 바래기 때문이다.

개업할 때는 반짝반짝하던 매장도 세월이 흐르면, 찬란했던 빛이 사라지고 왠지 모르게 칙칙해진다. 입주할 때는 페인트, 벽지, 장판 등 모든 게 새것으로 반짝이던 집도 세월이 흐르면 손때를 타면서 점점 어두워진다.

인간이라고 해서 별다르지 않다. 입사할 때는 단정한 용모에 초롱초롱하던 눈빛도 세월이 흐르면 빛이 바랜다. 눈처럼 새하얗던 와이셔츠 칼라는 누렇게 변하고, 양복에는 음식물 냄새가 배고, 눈빛은 음울하게 변한다.

자기관리에 철저한 사람들은 항상 청결한 이미지를 유지하려고 노력한다. 내형적인 이미지를 관리하기 위해서 독서나 명상 등을 꾸준히 하고, 외출하기 전에는 충분한 시간을 갖고서 외형적인 모습을 가꾼다.

정치인은 청결한 이미지만 유지해도 국민의 사랑을 받는다. 부조리가 성행하던 시절을 거쳐왔던지라 청결한 정치인이 희귀하기 때문이다. 경제인 역시 마찬가지다. 유일한 박사 같은 경우는 지금도 전 국민의 사랑과 존경을 받고 있다.

인간은 저마다 이미지를 갖고 있다. 나는 과연 어떤 이미지를 갖고 있나 한 번쯤 진지하게 돌아볼 필요가 있다.

과거에는 청결하지 못한 사람들도 권모술수를 발휘해서 성공을 거두었다. 하지만 이제는 정보화 시대요, 열린 시대이다. 아무리 숨기려고 안간힘을 해도 이미지가 청결하지 못한 사람은 언젠가는 반드시 드러나게 되어 있다.

대중 연설가이자 베스트셀러 작가이며 '행복을 그리는 철학자'로도 불리는 앤드류 매튜스는 "완벽한 사람이 아니라 솔직한 사람이 되라"고 말한다.

성공하고 싶다면 청결한 이미지를 유지할 필요가 있다. 비록 그 길이 느리고 답답해 보여도 성공으로 가는 가장 확실한 길이다.

# 지킬 수 없는 약속은 하지 마라

"자기 자신에 대한 신뢰가 약속 이행의 전제 조건이다."

심리학자이자 인문주의 철학자인 에리히 프롬의 말이다. 약속을 왜 지켜야 하는지를 잘 요약하고 있다.

약속은 타인에게 하는 맹세이기 이전에 자신에게 하는 맹세다. 그 안에는 그 사람의 인생관과 철학이 깃들어 있고, 자신에 대한 신뢰가 묻어 있다. 약속을 잘 지키는 사람은 자신이 살아온 날들에 대해 나름대로 긍지를 갖고 있다.

반면, 약속을 밥 먹듯이 어기는 사람은 뚜렷한 인생관은 물론 철학도 없고, 지나온 날들에 대한 긍지도 없다. 과거가 불투명했듯이 미래 또한 불투명하다. 뿌리가 없으니 자신에 대한 신뢰가 있을 리만무하다.

이솝 우화에 '사자와 생쥐' 이야기가 나온다.

나무 그늘에서 잠자던 사자는 생쥐 때문에 잠에서 깼다. 화가 난 사자는 생쥐를 잡아서 죽이려고 했다. 그러자 생쥐가 살려주면 반드시 은혜를 갚겠다고 약속했다. 사자는 생쥐의 말을 듣고 조롱하다가 놓아주었다. 그로부터 며칠 뒤, 사자는 사냥꾼들이 쳐놓은 덫에 걸렸다. 제발 살려달라고 큰 소리로 울부짖었으나 겁을 집어먹은 동물들은 오히려 달아났다. 그때 생쥐가 달려와서 이빨로 밧줄을 갉아낸 뒤 사자를 구해주었다.

사자는 덩치가 작다고 깔보며 조롱했지만 생쥐는 약속을 지켰다. 이 우화는 세상일은 어떻게 될지 아무도 모르니 선행을 베풀어야 한다는 교훈을 담고 있다. 동물의 왕인 사자가 곤경에 처해서 생쥐의 도움으로 살아날지 누가 알았겠는가.

생쥐는 약속할 때부터 자신을 신뢰했고, 약속을 지킴으로써 자신의 존재 이유를 분명하게 드러냈다. 세상에 쓸모없는 동물은 없다는 것을!

약속은 거래를 위한 기본 원칙이다. 처음부터 지킬 수 없는 약속이라면 빈말로라도 하지 않는 게 좋다. 직장인들이 가장 많이 하는 거짓말인 '우리 언제 밥 한번 먹어요!'라는 말도 빈말이라면 차라리 안 하는 게 낫다.

처음 약속할 때부터 빈말이었다면 그건 처세술이라고 볼 수도 없다. 빈말이 아닌 진심이라면 아예 그 자리에서, "이번 주 목요일 점심 어때요?" 하고 약속을 잡는 게 좋다.

정확한 일정을 확신할 수 없다면 "다음 주 화요일이나 수요일쯤

저녁 어때요?" 하고 얼추 약속을 잡아놓는 것도 하나의 방법이다. 일단 약속을 하게 되면 뇌는 미해결된 사건으로 인식해서 기억한다. 그러나 입버릇처럼 "우리 언제 밥 한번 먹어요!"라고 빈말을 하다 보면 뇌는 돌아서는 순간, 해결된 사건으로 인식하고 잊어버린다.

저축도 해본 사람이 잘하듯, 약속도 지켜 버릇하는 사람이 잘 지킨다. 약속을 잘 지키고 싶다면 평상시 자신과의 약속을 지키는 습관을 기를 필요가 있다. 예를 들어서 '오늘은 저녁 11시 전에는 잠든다'고 스스로 약속했다면 11시가 되기 전에 무조건 잠자리에 들어야 한다. 비록 잠이 오지 않더라도 침대에 누워서 눈을 감아라.

또한 약속 기한은 너무 길게 잡지 않는 게 좋다. 오랜 시간이 흐르다 보면 마음도 바뀌고, 조건이나 상황 자체가 바뀔 수 있기 때문이다.

이미 했던 약속이라면 비록 지키기 힘든 상황일지라도 최대한 지키려고 노력해야 한다. 몇 차례 비슷한 일을 겪다 보면 지킬 수 없는 약속은 아예 안 하게 된다.

# 나이를 먹을수록 강해진다

언론에서는 '백세인생'에 대해서 무지갯빛 전망을 늘어놓지만 그 인생을 살아야 하는 당사자들의 현실은 녹록지 않다. 대다수가 노후에 대한 대비가 되지 않은 상태이고, 경기 침체로 예상보다 이른 실직자로 전락하면서, 수입이 끊기거나 줄었기 때문이다.

인생 이모작을 준비하려 해도 마땅히 할 일이 없다. 경력을 살려서 프리랜서로 나서려고 해도 경쟁이 치열해서 일거리 따내기가 만만치 않다. 학원에서 새로운 기술을 배워도 나이가 많으니 선뜻 고용하려 들지 않는다.

경제적 여유가 다소 있는 사람들은 창업 시장을 기웃거린다. 그러나 경기가 침체인데 창업인들 만만하겠는가.

"이 나이에 제가 도대체 무엇을 할 수 있을까요?"

"옛날 같으면 인생을 정리해야 할 시기인데, 새로운 사업을 벌여도 괜찮을까요?"

창업 상담을 하다 보면 나이 때문에 자신감을 잃은 사람들을 심심찮게 접하게 된다. 나이를 먹으면 단점도 있지만 장점도 있다.

육체적 측면에서만 본다면 물론 단점이 많다. 나이 먹으면 뇌의 부피가 줄어들고, 정보의 연결 고리 역할을 하는 시냅스가 감소하고, 해마의 크기도 줄어든다. 인지력과 기억력도 떨어지고 전전두엽도 작아져, 실행 능력도 예전보다 못하다.

뇌의 정보 처리 속도, 정확한 기억력 등은 현저히 떨어진다. 하지만 판단력, 직관력, 통찰력, 종합 능력 등은 오히려 젊은이보다 뛰어나다.

새로운 사업을 시작한다는 측면에서 본다면 단점보다는 장점이 훨씬 많다. 거기다가 돈을 주고도 살 수 없는 인생 경험과 넓은 인맥, 풍부한 지식을 갖고 있지 않은가?

뇌는 새로운 세계를 갈망한다. 삶에 익숙해져서 자극이 사라지면 '치매'라는 반갑지 않은 손님이 찾아온다. 호기심과 흥미를 잃는 순간, 뇌는 급속도로 나이를 먹는다. 하지만 열심히 일하면 나이를 먹지 않는다. 뇌가 긴장 상태를 풀지 않기 때문이다. 어린아이처럼 호기심 어린 눈으로 세상을 본다면 백 살이 넘어도 치매는 찾아오지 않는다.

밤새 일하거나 공부하면 머리도 아프고 피곤하다. 그러나 눈이 피로하고 근육이 피곤한 것이지, 뇌를 많이 사용해서 생기는 증상은 아니다. 뇌는 24시간 활동해도 끄떡없다. 그렇기 때문에 공부도 체력이 강한 사람이 유리하다.

나이를 먹었다는 것은 꾸준히 길을 걸어왔으니, 좀 더 노력하면 정상에 닿을 수 있다는 의미다. 젊었을 때 성공하는 사람은 예체능계나 IT 계통이 아니면 거의 없다. '청년 정신'이라는 말은 바꿔 말하면, 기반도 약하고 지식도 부족하니 도전 정신이라도 가져야 한다는 뜻이다.

젊었을 때는 성(性) 충동 혹은 성 에너지를 섹스로 허비하고 만다. 대다수가 넘치는 활력을 쾌락의 수단으로 사용한다. 마흔이 넘어야 비로소 창조적 에너지로 전환시킬 수 있는 여유가 생긴다.

나이를 먹었다고 해서 스스로를 폐물 취급하지 마라. 인간이 진정으로 늙는 순간은 육체가 늙었을 때가 아니라 정신이 늙었을 때다. 연륜이 쌓이면 지혜로워진다. 스스로 포기하지만 않는다면 좀 더 수월하게 성공의 길로 가는 길을 찾아낸다.

손자의 병서에 '나를 알고 적을 알면 백전백승이다'라는 말이 나온다. 나이를 먹은 사람은 이미 '나'를 알고 있다. 그러니 싸우기도 한결 유리하지 않겠는가?

# 간략하게 말하라

정보가 차고 넘치는 시대다.

뇌는 보수적이고 게으르다. 변화를 싫어하는 데다 정보가 과도하게 입력되면 특색 없는 정보는 모두 지워버린다. 새로운 정보를 받아들이기 위한 준비 작업이라고 할 수 있다.

정보화 시대에는 핵심만 추려서 간략하게 말할 필요가 있다. 장황하게 이야기해봤자 시간만 허비할 뿐 상대방이 기억하지 못하기 때문이다.

인간은 듣기보다 말하기를 좋아한다. 예로부터 말하는 사람은 지위가 높았고, 듣는 사람은 지위가 낮았다. 지위가 낮은 사람의 말은 언제든지 끊을 수 있지만 지위가 높은 사람의 말은 중간에 자를 수 없다. 그래서 누군가 경청해주면 관계의 주도권을 쥔 것 같은 기분에 사로잡혀서 장황하게 말을 늘어놓게 된다.

말은 화를 부르기도 하고, 복을 부르기도 한다. 말 한마디로 천 냥 빚을 갚기도 하지만 세 치 혀가 사람을 잡기도 한다.

말은 소통과 설득의 수단이다. 말을 잘하면 상대방의 마음을 얻을 수 있기 때문에 좀 더 효과적으로 말할 필요가 있다.

설득의 달인들은 간략하게 요점을 말한다. 에이브러햄 링컨 대통령의 게티즈버그 연설은 총 300단어가 되지 않으며 연설 시간은 고작 2, 3분에 불과하다. 프레젠테이션의 대가라 불리는 스티브 잡스 역시 제품의 특징을 짧고 인상적인 구절로 압축해서 말하는 것으로 유명하다.

윈스턴 처칠은 옥스퍼드대학교 졸업 연설에서 인상적인 연설을 했다.

"절대 포기하지 마라!"

그는 이 문장을 점점 강하게 세 번 외쳤고, 우레와 같은 박수를 받았다.

몇 해 전, 무명의 시나리오 작가와 할리우드 감독 사이에서 시작되었다는 '엘리베이터 스피치(Elevator speech)'가 유행처럼 퍼져나갔다. 의사결정권자를 엘리베이터 안에서 만났다 가정하고, 1분 안에 프레젠테이션과 설득을 끝내야 하는 대화술이다.

바쁜 현대인들에게 60초면 충분하다. 60초 안에 머릿속에 각인되지 못하는 아이디어나 정보라면 가치가 없다.

효과적으로 설득하려면 간략하게 말하되, 스토리를 입힐 필요가 있다. 처칠의 짧은 연설에도 스토리가 있다. 스티브 잡스는 프레젠테이션을 할 때 기승전결을 활용해서 신제품의 효과를 극대화했다.

엘리베이터 스피치 역시 스토리가 생명이다. 첫마디로 관심을 집중시키고, 상대방으로 하여금 상상하게 하고, 상상의 세계를 현실화할 방안을 제시하고, 마음을 움직여서 내가 목적하는 바를 달성시키는 게 기본전략이다.

나이를 먹으면 나잇살만 붙는 게 아니라 군말도 붙는다. 대화의 통제권을 쥐다 보니 본인도 모르게 생기는 현상이다. 나이를 먹을수록 지위가 높을수록, 간략하게 말하고 경청하는 습관을 들여야 한다.

미국의 유명 앵커 래리 킹은 말한다.

"나는 아침마다 스스로에게 상기시킨다. 오늘 내가 말하는 것 중 나를 가르쳐주는 건 아무것도 없다고. 그래서 만약 배우고자 한다면 경청을 통해서 배워야 한다고."

간략하게 말하라! 그래야 마음을 얻을 수 있다.

# 정보를 선점할 수 있는 능력을 갖춰라

산업화 사회의 근간은 물질이다. 물질은 한정되어 있기 때문에 한 사람이 많이 차지하면 다른 사람의 몫이 그만큼 줄어들게 되어 있다. 따라서 대량 생산이 불가피하고, 이미 고정된 물질의 형태나 내용을 변형시키기 위해서는 많은 비용이 들어간다.

정보화 사회의 근간은 정보다. 정보는 팔거나 누구에게 나눠줘도 본래의 크기에는 변함이 없다. 대량 생산도 필요 없다. 하나만 생산 하더라도 얼마든지 수요를 충당할 수 있다. 또한 다른 정보와 합치거 나 빼면 새로운 정보를 만들 수도 있다.

정보는 누구나 차지하고 공유할 수 있지만 시간이 지나면 가치가 점점 떨어진다. 선점할수록 정보는 돋보인다. 누가 먼저 알짜배기 정 보를 빼내서 효과적으로 사용하느냐에 따라 승패가 엇갈린다.

정보화 사회는 산업 사회보다 훨씬 편리하다. 그러나 그 장점을 제대로 사용하는 사람이 많지 않다. 대다수가 개인의 쾌락을 위해 사용한다. 스마트폰이나 컴퓨터를 이용해 각종 뉴스를 보고, TV 프로그램이나 스포츠 경기를 시청하고, 게임을 하고, SNS로 문자를 주고받고, 이메일을 확인하고, 인터넷 동호회에 들락거린다.

반면 똑같은 기계인데도 효과적으로 사용하는 사람들이 있다. 인터넷으로 필요한 고급 정보를 구해서 순식간에 번역하고, 학원에 가는 대신 인터넷 강의를 통해서 외국어 등을 공부한다. 또한 세계인들이 이용하는 취업 사이트에 이력서를 올려놓고, 헤드헌터나 회사 관계자로부터 연락이 오기를 기다린다.

외국 출장 갈 때는 항공권과 렌터카는 물론이고, 현지 호텔과 음식점까지 찾아서 예약해놓는다. 공항 가는 길에 스마트폰으로 집안 온도를 외출 중으로 맞춰놓고, 잠금 장치를 다시 한 번 확인하고, 한동안 사용하지 않는 각종 가전 제품의 전원을 꺼둔다.

이처럼 스마트폰이나 인터넷을 적절히 이용하면 경제적 비용 절감은 물론, 시간과 체력까지도 아낄 수 있으니 일석삼조이다.

인간의 문명은 편리함을 추구해왔다. 정보화 사회는 빠르게 인류의 삶을 바꿔가고 있다. 작은 스마트폰 안으로 도서관, 학교, 백화점, 영화관, 경기장, 공연장, 서점 기타 등등 삶을 좀 더 편리하게 하는 수많은 것이 속속 들어서고 있다.

인터넷을 이용하면 큰돈 들이지 않고도 공부할 수 있고, 세계 곳곳에서 쏟아지는 유용한 정보를 선점할 수 있다. 사이버 공간은 보물 창고다. 검색 엔진을 잘만 활용해도 보물을 찾아내는 데 부족함이 없다.

정보화 시대에는 정보를 선점하는 사람에게 더 많은 기회와 혜택이 주어진다. 하지만 대량의 정보가 쏟아지다 보니 빠르게 찾는 능력도 중요하지만 그 정보를 선별하고 융합하는 능력도 그에 못지않게 중요하다. 개별적으로 놓고 보면 별다른 가치가 없는 정보도 여러 개를 모아서 조합해놓으면 가치가 바뀐다.

《네 안에 잠든 거인을 깨워라》의 저자 앤서니 라빈스는 "정보나 지식은 머리로 이해하는 것이 아니다. 행동으로 옮기고 실천해야 한다"고 말했다.

정보가 곧 돈이요, 기회이다.

정보를 선점하고, 한발 앞서서 행동하라. 정보가 나에게 원하는 세계로 날아갈 수 있는 날개를 달아주리니!

# 유쾌한 삶을 살려면 현명한 사람을 만나라

인생은 어떤 사람과 관계를 맺으며 살아가느냐에 따라서 삶의 질이 달라진다.

우리는 어려서부터 '좋은 친구를 사귀어야 한다'는 말을 귀에 못이 박이도록 듣고 자란다. 그러나 실제적인 효과는 그리 높지 않다. 유유상종이라고 비슷한 환경에 놓인 친구들과 어울려 다니다가 어른이 된다.

문제는 어른이 되고 나서부터다. 대학을 졸업하고 나면 좋은 친구는 고사하고, 친구 자체를 사귀기가 어려워진다.

사람과 사람은 환경이 다른 섬이다. 내 섬에만 있으면 그다지 불편함을 모르지만 상대방의 섬에 가면 아무래도 불편할 수밖에 없다. 각자 살아온 환경이 달라서 공통점이 적을 경우에는 불편함이 극도에 달한다.

친구를 사귀려면 불편을 감수해야 하는데 나이를 먹을수록 편안함에 길들여진다. 사람 자체를 좋아하는 외향적 성격이 아니라면 굳이 불편함을 감수해가면서까지 친구를 사귀려 들지 않는다. 그러다 보면 자연스레 주변에서 뜻이 맞는 사람과 어울리게 되는데 친구라고 할 수도 없고, 그저 '아는 사람'에 그치는 경우가 대부분이다.

대인관계는 잘만 캐면 금맥과도 같다. 대인관계만 잘해도 한평생 먹고사는 데 큰 어려움이 없다. 사람을 사귈 때에는 현명한 사람을 사귀어야 하는 이유다.

그렇다면 어떻게 현명한 사람을 구분할 것인가?

초기 유대교 현자들의 금언집 《피르케이 아보트(Pirkei Avot)》에는 대화술을 통해서 본 현명한 사람들의 일곱 가지 특징이 수록되어 있다.

**하나, 자기보다 현명한 사람 앞에서 이야기하지 않는다.**

**둘, 동료의 말을 가로막지 않는다.**

**셋, 성급하게 답하지 않는다.**

**넷, 주제에 맞게 질문하고 간결하게 답한다.**

**다섯, 두서를 가려서 말한다.**

**여섯, 제대로 듣지 못한 것은 이해하지 못했다고 말한다.**

**일곱, 진실을 인정한다.**

좀 더 넓은 의미에서 현명한 사람들의 정신적 특징을 살펴보고자 한다면 로버트 로버츠 교수와 제이 우드 교수의 공저 《지적 미덕(Intellectual Virtues)》을 읽어볼 필요가 있다.

여섯 가지를 제시하고 있는데 배움에 대한 남다른 호기심과 열정, 과감해야 할 때와 신중해야 할 때를 아는 자기 통제력을 지닌 지성적 용기, 주장을 펼치되 틀렸을 때는 기쁜 마음으로 새로운 지식을 받아들이는 줏대, 지식의 문을 개방하고 타인의 주장을 수용할 줄 아는 겸손, 대세를 따라야 할 때와 반발해야 할 때를 아는 자율, 공을 타인에게 돌릴 줄 알고 지식을 함께 나누려는 너그러움 등이다.

대인관계를 할 때는 닭의 머리보다는 용의 꼬리가 낫다. 부족함을 알아야 분발하고, 분발해야 성장하기 때문이다. 가급적 현명한 사람들과 어울려야 하는 이유다.

오쇼 라즈니쉬는 "모든 사람은 다른 사람을 통해서 자신을 볼 수 있다"고 했다. 현명한 사람은 나의 장점은 물론이고 단점까지 비춰주는 거울이다.

유쾌한 삶을 살고 싶다면 현명한 사람들과 교제하라. 그들은 복잡하고 골칫덩어리였던 세상사를 간명하고 유쾌하게 바꿔준다.

# 문화예술을 즐겨라

인류 역사는 생존을 위한 투쟁사다. 그럼에도 문화예술이 꾸준히 이어져올 수 있었던 비결은 인류에게 무한한 영감을 불어넣어줬기 때문이다.

정보화 시대에는 창의력이 그 어느 때보다 중요하다. 한 사람의 아이디어가 1만 명, 10만 명을 먹여 살릴 수 있는 사회가 바로 정보화 사회다.

창의력의 근간은 상상력이다. 상상력이란 영감을 통해서 발현된다. 영감에는 수많은 종류가 있다. 문화예술을 통해 얻는 영감은 예술가를 통해서 한 차례 걸러졌거나, 예술가의 혼이 담겨 있다. 즉, 시대정신을 반영하고 있는 경우가 많아서 활용 가치가 높다.

한국 사회에서 근래 들어 부쩍 많이 사용하고 있는 용어 중 하나가

'창조'다. '창조경영'이나 '창조경제'라는 말이 자연스럽게 언론과 대중의 입에 오르내린다. '창조경영대상'이라는 이름의 상이 생기고, '창조경제 혁신센터'가 전국 각지에서 문을 열었다.

창조경영은 21세기 초반에 유럽에서 시작되었다. 기존에는 기업이 예술가를 일방적으로 지원했다면 창조경영은 경영에다 문화예술을 접목시켜 상생을 꾀하고 있는 것이 특징이다.

포틀랜드 제너럴 일렉트릭의 '발전소 예술 프로젝트(Powerhouse Art Project)'는 지역의 예술가들에게 오리건주의 발전소를 그림 등으로 표현하게 하는 활동을 통해서 예술가를 지원했다. 그렇게 함으로써 기업의 인지도를 높였다. 또한 레이몬드 제임스 파이낸셜은 1,800여 점에 이르는 예술 작품을 본사에 진열해서 직원들의 창의적인 업무 환경을 조성하는 한편, 일반인들에게도 작품을 공개해 주민들의 문화생활에 일조하였다.

문화예술은 경영과 별개의 것이 아니다. 문화예술은 삶의 일부라서 경영과 잘 어우러지면 시너지 효과를 낼 수 있다.

CEO 중에는 문화예술을 즐기는 명사가 많다. 스티브 잡스는 평상시 윌리엄 브레이크 시를 즐겼고, 버크셔해서웨이의 워렌 버핏은 우쿨렐라 연주를 좋아하고, 버진 그룹의 리처드 브랜슨은 수준 높은 기타리스트이다.

국내의 CEO 중에도 문화예술에 관심을 가진 명사가 무수히 많다. CEO들이 문화예술에 빠져드는 이유는 직업에서 오는 강도 높은 스트레스를 해소할 수 있는 데다, 세상을 다른 시각으로 볼 수 있는 영감을 주기 때문이다.

세상을 '일상'과 '비일상'으로 분류한다면 문화예술은 비일상이다. 뇌가 다람쥐 쳇바퀴처럼 반복되는 일상에 젖어버리면 호기심이 감소하고 상상력이 무뎌져서 제대로 창의력을 발휘할 수 없다. 비일상적인 활동은 뇌에 호기심을 충족시키고 상상력을 자극하여 창의력을 발휘하게 한다.

똑같은 삶을 살아가며 똑같은 시선으로 바라봐서는 평범한 삶에서 탈피할 수 없다. 특별한 삶을 살고 싶다면 세상을 비범한 시선으로 바라봐야 한다.

파블로 피카소는 "상상할 수 있다면 그것은 이미 현실이다"라고 말했다. 문화예술을 즐기며 마음껏 상상하라. 산업 시대에는 상상이 지나치면 망상으로 치부했다. 하지만 정보화 시대에는 상상이 현실이 된다. 지나친 상상일수록 오히려 시도해볼 가치가 있는 일로 평가받는다.

비록 해야 할 일이 산더미라 하더라도 틈틈이 문화예술을 즐겨라!

문화예술은 당신의 일에 생명력을 불어넣고, 마침내 당신의 등 뒤에 날개를 달아주리니.

# 변화는 새로운 기회다

계절이 바뀌듯 세상도 변한다.

원했든 원치 않았든 간에 살다 보면 몇 차례 변환기를 맞게 마련이다. 변화에 대처하는 방법은 사람마다 조금씩 다르지만 크게 나누면 세 가지다.

**첫째, 변화 자체를 완강하게 거부하는 사람.** 보수적 경향을 지닌 소수가 선택하는 극단적인 방법이다. 변화를 거부하면 현재 상태를 유지할 수 있을 것 같지만 현실은 다르다. 아메리칸 인디언처럼 시간이 지나면서 점점 인원도 줄어들고 사람들의 기억 속에서 사라진다.

**둘째, 변화를 수동적으로 맞이하는 사람.** 다수가 선택하는 일반적 방법이다. 대세가 그렇다니 변화를 받아들이기는 하지만 의식이 흐름을 좇아가지 못한다. 적응하느라 한동안 허덕이다가 어느 정도 적응

될 때쯤이면 또 다른 변화가 찾아온다. 결국 인생 대부분을 변화를 좇느라 소비한다.

**셋째, 변화가 올 것을 예상하고 능동적으로 대처하는 사람.** 성공하는 소수가 선택하는 방법이다. 과학과 문화와 예술 등 사회 전반에 걸쳐 새로운 변화를 주도해 나아간다. 조직을 실제적으로 이끌어나가는 인물도 이런 사람이다.

인간은 오랜 세월 농경생활을 해서 현실에 안주하려는 본성을 지니고 있다. 그러나 본성에 발이 묶여서는 아무것도 할 수 없다.

기회란 변화의 물결 위에 떠다니게 마련이다. 예전에도 그랬고, 지금도 그렇고, 미래에도 그럴 것이다.

고(故) 정주영 회장이 현대라는 대기업을 세울 수 있었던 것도 변화에 능동적으로 대처했기 때문이다. 아무리 이재에 밝고 탁월한 경영술을 지니고 있다고 해도 시골에서 농사지으며 대기업을 세울 수는 없다.

빌 게이츠, 스티브 잡스, 마크 저커버그, 마윈 등도 변화 그 자체를 즐겼다. 그들이 변화의 물결에 몸을 싣기를 주저했다면 그토록 많은 재산을 축적할 수 없었을 것이다.

안주하고자 하는 사람에게 변화는 두려움이다. 그러나 성공을 꿈꾸는 사람에게 변화는 곧 성장할 수 있는 기회다.

기회는 앉아서 잡을 수 없다. 길목을 지키고 있다가 잡아야 하며, 기회가 오지 않으면 스스로 변화를 시도해서 기회를 만들어야 한다.

지금 자신의 모습을 한번 돌아보라. 오랫동안 타성에 젖어서 일을 해오지 않았는가. 마지못해서 일을 하고 있는 건 아닌가. 업무 치매에 걸려서 내가 지금 무슨 일을 하는지도 모르는 채 하루하루를 보내고 있지는 않은가.

성장하고 싶다면 더 늦기 전에 변화를 시도하라!

기회는 적극적으로 변화를 시도하는 사람의 눈에만 보인다. 기회를 볼 수 있어야만 기회를 붙잡을 수 있다.

# 자신만의 것을 가져라

꽃들은 저마다 자신만의 색깔과 향기를 갖고 있다. 과일은 저마다 자신만의 맛과 향을 갖고 있다. 성공한 사람들은 저마다 자신만의 비결을 갖고 있다.

성공한 사람을 벤치마킹하다 보면 자신만의 것을 잃어버리기 쉽다. 나쁜 습관은 버리되, 자신만의 고유한 것은 발전시켜 나아가는 게 좋다. 그것은 취미일 수도 있고, 스트레스 해소법일 수도 있고, 대인관계술일 수도 있다.

향기 없는 꽃에는 벌과 나비가 날아들지 않는다. 특색 없는 인간은 매력이 없다. 그런 인간에게는 좋은 사람이 다가가지 않는다.

세상을 살아가면서 가끔은 자신이 좋아하는 행위를 하면서 사는 게 정신 건강에도 이롭다. 자신이 하고 있는 일과 거리가 멀다고 해서 손을 뗄 필요는 없다. 세월이 흐르면 나름대로 묘한 조화를 이루게 된다.

건설 회사 사장 L은 색소폰 연주가 취미다. 색소폰을 배운 건 오래전 직장생활을 할 때였다. 추진하던 일이 뜻대로 안 되어서 바람이나 쐴 겸 한강에 나갔다가 누군가가 연주하는 색소폰 소리를 듣고 반해 정식으로 배우기 시작했다.

하지만 가족들 외에는 아무도 L이 색소폰을 불 줄 안다는 사실을 모른다. 연말 모임이나 장기 자랑 무대 같은 데서 한 번쯤 불어보았을 법도 한데 L은 시도조차 해본 적이 없다. 다른 사람 앞에서 자랑을 하게 되면 그 순간부터 색소폰에 대한 매력을 잃어버릴까 봐 두려워서였다.

L은 트렁크에 중절모와 악기를 싣고 다닌다. 몹시 힘들고 피곤하면 노을 지는 강가로 차를 몰고 가서 중절모를 쓰고 색소폰을 분다. 빼어난 솜씨는 아니지만 자연과 자신의 색소폰 소리에 심취하여 피로를 잊는다.

근래 우연히 그의 연주를 들어본 적이 있는데 솜씨가 부쩍 늘었다. 칭찬을 했더니, 요즘 건설 경기 침체로 인해서 스트레스를 많이 받는 바람에 자주 불었기 때문이라며 씁쓰름한 미소를 지었다.

외국계 보험 회사 지사장인 B는 연말에 한 번씩 고아원에 돈을 보낸다. 연봉의 2퍼센트를 아내와 자식들 모르게 보낸다. 그가 열심히 일하는 이유 중 하나는 더 많은 연봉을 받아 더 많은 돈을 기부하기 위해서다.

성공한 사람 중 자신만의 비밀을 갖고 있는 사람이 의외로 많다.

그들은 '그것' 덕분에 스트레스를 해소할 수 있었고, 꿈을 향해 전진할 수 있었다고 한다.

광고나 잡지에서 '개성'을 부르짖고 있는데, 이는 현대인이 그만큼 개성이 없다는 방증이기도 하다. 없는 개성을 간절히 그리워하고 있기 때문에 사람들의 콤플렉스를 자극하는 것이다.

현대인은 복제 인간들처럼 여러모로 닮았다. 똑같은 교육과 똑같은 대중매체를 통해서 보고, 듣고, 느끼며 살아간다.

보통 사람과 똑같아서는 보통 사람밖에 되지 못한다.

자신만의 것을 가져라!

그것이 취미이든 습관이든 꿈이든 간에 바람직한 방향으로 발전시켜 나아가다 보면, 인생도 풍요로워지고 사람 자체도 근사해진다.

# GOOD
# HABIT

# 성공을 위한
# 충고

HABIT

# 01

## 경쟁보다는 협력을 하라

현대 사회의 새로운 조류를 꼽자면, 단연 협력(Cooperation)과 경쟁(Competition)의 합성어인 코피티션(Copetition)이다. 융·복합 시대의 도래로 경쟁사 간 협업 사례가 점차 늘어나고 있다.

2014년 1월 삼성은 구글과 '포괄적 특허 크로스 라이선스 계약'을 맺었다. 현재 양사가 보유하고 있는 특허는 물론이고 향후 10년 동안 개발할 특허도 공유한다는 내용이다. 게임사들도 경쟁사와 손을 잡았고, 소셜커머스도 경쟁관계에 있는 대형 마트와 손을 잡았다.

아군 아니면 적이었던 비정한 비즈니스 세계에 새로운 물결이 흐르고 있다. 경쟁 기업 간의 협력을 통해서 비용을 절감할 수 있고, 매출을 극대화할 수 있기 때문에 이러한 추세는 한동안 지속될 전망이다.

선의의 경쟁은 분발의 자극제가 되므로 발전을 낳는다. 그러나 경쟁이 지나칠 경우 서로가 상처를 입는다. 시장에서 우위를 점하기 위해 과도한 제품 개발비, 광고비, 홍보비를 쏟아붓는다. 그러고도 모자라 제 살 깎아먹기식의 가격 인하정책까지 폈다가 돌이킬 수 없는 내상을 입은 기업이 무수히 많다.

기업도 점점 현명해지고 있다. 비즈니스는 한정된 피자를 나눠먹기 방식에서 피자를 키우기 방식으로 진행되고 있다. 살아남기 위한 현명한 선택이다.

경쟁하면서 협력하는 코피티션전략은 개인에게도 필요하다. 정보화 시대가 그것을 요구하고 있다. 회사 내에서 치열한 경쟁을 해왔던 동료라도 프로젝트를 성공적으로 끝내기 위해서는 전략적 제휴를 해야 한다.

자신만의 노하우나 정보를 꽉 움켜쥐고 있던 시대는 지났다. 아무 이득 없는 자존심 싸움으로 에너지를 소비하던 시대도 지났다. 어제까지 드잡이를 하던 사이였더라도 공통된 목표를 향해서라면 과감히 협력해야 한다.

모두가 성큼성큼 앞으로 나아가고 있다. '수익 창출', '신제품 개발'이라는 목표 아래서는 아군도 적군도 없다.

협력은 시너지 효과를 낳는다. 1+1=2가 아니다. 때로는 3이 되고, 때로는 4가 되고, 때로는 그 이상도 된다.

성공한 사람은 코피티션이라는 용어가 생성되기 전부터 전략적 제휴를 몸소 실천해왔다. 정보화 시대에서는 독불장군이 성공할 수 없다. 필요하다면 경쟁자가 아닌 원수와도 손을 잡아야 한다.

사람 사이의 나쁜 감정은 대개 작은 오해에서 싹튼다. 원수처럼 지내던 사람들도 만나서 이야기를 나눠보면 의외로 금방 친해진다. 논리적으로 하나씩 따져보아라. 경쟁자와 손을 못 잡을 이유가 그 무엇인가?

경쟁관계를 단순하게 표현하면 이렇다.

무인도에 떨어진 두 사람이 먹을 것을 찾아 헤매다가 야자열매 세 개를 발견하였다. 그들은 전부 내지는 두 개를 서로 차지하겠다고 싸움을 벌인다. 그러다 잠깐 싸움을 멈추고서 위를 올려다본다. 수없이 많은 야자열매가 달려 있다. 두 사람이 협력한다면 각자 세 개 이상의 야자열매를 차지할 수 있는 것이다.

냉정하게 생각해보라.

지금 당신은 야자열매 세 개를 놓고서 싸우고 있지는 않는지…….

# 실패는 성공하는 법을 가르쳐준다

사업을 몇 년째 하고 있는 사람들은 실패에 대한 두려움이 그리 심하지는 않다. 현장 속에서 실패와 살을 맞대고 살아가기 때문이다.

실패에 대해 가장 큰 두려움을 느끼는 사람은 사업을 새로 시작하는 사람들이다. 퇴직금이나 그동안 모은 알토란 같은 돈을 전부 털어넣었는데, 실패하면 알거지나 되지 않을까 싶어서 밤새 잠을 이루지 못한다.

절실한 성공 의지는 반드시 필요하다. 아무리 작은 사업이라도 더이상 물러설 곳이 없다는 비장한 마음으로 임해야 한다. 그러나 지나친 긴장감은 오히려 사업에 방해가 된다.

얼마 전, 개업한 지 얼마 안 된 횟집에 간 적이 있다. 30평 남짓한 작은 횟집이어서 종업원도 많지 않았다. 가게 인테리어는 그런대로 괜찮았고, 주인과 종업원도 친절했다. 특별히 눈에 띄는 단점은 없음에도 손님이 거의 없었다.

친구와 함께 술을 마시다 보니 비로소 그 이유를 알 수 있었다. 사업을 잘해보겠다는 의욕 때문이었겠지만 주인 내외는 지나치게 손님에게 신경을 썼다. 계속 우리 테이블을 주시했고, 무슨 음식을 맛있게 먹나 관찰하였고, 접시가 비기 무섭게 음식을 채워주었다.

처음에는 서비스가 괜찮다는 생각이 들어서 기분이 좋았다. 그런데 점차 시간이 지나면서 감시받고 있다는 느낌이 들었다. 우리는 이야기 나누기도 조심스러워졌고, 점점 앉은 자리가 불편해졌다.

물이 지나치게 맑으면 고기가 살 수 없듯이 지나친 친절은 오히려 손님에게 부담을 준다. 사업을 하려면 때로는 대범해질 필요가 있다. 실패에 대한 중압감에 짓눌리면 제대로 실력을 발휘할 수 없다.

"길목이 안 좋았어요."

얼마 뒤 길거리에서 만난 횟집 주인은 가게를 처분했다며 푸념처럼 말했다.

어떤 사업이든 환경을 탓해서는 성공할 수 없다. 가겟세가 부담스러워서 목이 좋지 않은 곳에다 가게를 얻었다면 환경을 극복할 대책을 미리 세웠어야 했다.

한국 사회에서 '친절'만으로는 성공하기 어렵다. 한국인의 친절은 세계적으로도 유명하다. 항공사 스튜어디스의 친절은 세계 제일이라 해도 과언이 아니고, 전자 제품 서비스나 택배 서비스 역시 세계 제일이다. 유능한 인적자원을 최대한 활용한 결과라 할 수 있다.

사업을 하다 보면 실패할 수도 있다. 실패 원인을 철저히 분석했다면 더 이상 실패에 연연해하지 않는 게 좋다.

사람은 제대로 걷기까지 수없이 넘어진다. 네 발로 엉금엉금 기어다니다가, 넘어지고 부딪치고 엎어지면서 비로소 두 발로 걷는다. 그런 험난한 과정을 거쳤으면서도 언제 기어 다녔냐는 듯이 뛰어다니는 게 사람이다.

실패는 누구에게나 상처를 남긴다. 의욕을 갖고 덤벼든 사업일수록 상처도 크다. 그러나 상처는 성공을 위한 밑거름이 되기도 한다.

실패 없는 인생이 어디 있겠는가. 토머스 에디슨은 전구를 발명하기까지 147번이나 실패했고, 라이트 형제는 비행에 성공하기까지 무려 805번이나 실패했다.

정말로 우리가 두려워해야 할 것은 실패가 아니라 실패의 그늘 속에 계속 머물러 있는 것이다.

# 성공은 함께 나누어라

"사업을 추진할 때보다 사업에 성공하고 나서 좋은 사람을 많이 잃었어요. 물론 다른 사람들을 또 사귀기는 했지만 그들은 나의 돈이나 지위를 보고 접근한 것 같아서 속마음을 터놓기가 그렇더라고요."

사업가 L의 고백이다.

성공하기가 어렵다. 그러나 성공하고 나서의 처신은 더 어렵다. 성공을 거둔 이들 중에는 돈과 명예를 얻은 대신 가까운 지인을 잃은 사람이 많다.

인생은 짧지만 혼자서 살아가기에는 긴 세월이다. 기쁨과 슬픔을 함께 나눌 인생의 동반자가 없다면 불행한 일이다.

한 사람이 성공하기까지는 음으로 양으로 수많은 사람의 도움을 받을 수밖에 없다. 은혜를 아는 사람은 훗날 더 큰 성공을 하게 된다.

그러나 모든 걸 자신의 재능과 노력 덕으로 돌리는 사람은 언젠가는 쓰라린 좌절을 맛보게 된다.

어려울 때 동고동락했던 사람을 내팽개치면 부하 직원이 충성을 바치지 않는다. 언젠가는 자신도 버림받을 거라는 불안감 때문이다.

자신에게 도움주었던 사람을 일일이 치켜세워줘야 부하 직원들이 충성을 바친다. 그들의 모습에서 훗날의 자신의 모습을 발견하기 때문이다.

《삼국지》의 '오서 고담전' 편에 논공행상(論功行賞)과 관련한 내용이 나온다. 손권은 위나라 군사를 물리치는 데 공을 세운 장수들에게 차별을 두어 상을 내렸다. 고담은 큰상을 받았는데 그를 미워하던 장수들이 고담을 모함하였다. 손권은 제대로 알아보지도 않고 고담을 좌천시켰고, 고담은 그런 손권을 원망했다.

논공행상이 공정하지 못하면 임금과 신하 간의 신뢰가 떨어진다. 또한 신하들 간의 암투를 싹트게 해 분란을 초래한다.

예로부터 논공행상은 군주들의 고민이었다. 잡음이 일어나지 않도록 공정하게 상을 주기란 여간 어려운 게 아니다.

도요토미 히데요시가 임진왜란을 일으킨 이유는 복잡하다. 정치, 경제, 사회, 문화 전반에 걸쳐서 어지럽게 얽혀 있다. 그중에서 경제적 요인으로 꼽는 것이 바로 논공행상이다.

전국 시대 통일을 앞둔 도요토미 히데요시에게는 말 못할 고민이 있었다. 공을 세운 가신들에게 토지를 나눠줘야 하는데 토지가 턱없이 부족했다. 논공행상을 어설프게 했다가는 지방 호족들이 힘을 합쳐 반란을 일으킬 것이 뻔한 상황이었다. 궁리 끝에 히데요시는 대륙을 점령해서 호족들에게 토지를 나눠주겠다는 계획을 세우고, '대륙 진출'이라는 명분 아래 임진왜란을 일으켰다.

논공행상은 역사 속의 일만은 아니다. 현대에 넘어와서도 논공행상에 대한 논란은 끊이질 않고 있다.

대기업이 문어발식으로 사업을 확장해간 데는 논공행상도 한몫했다. 초창기부터 열심히 일을 해서 회사를 키우는 데 일조한 친인척이나 부하 직원들에게 상을 내려야겠는데 방법이 문제였다. 현찰로 보상한다고 해도 얼마를 줘야 섭섭해하지 않을지 알 수가 없다. 그래서 생각한 것이 다른 분야로의 진출이다.

만약 혼자서 성공의 기쁨을 누렸다고 가정해보자. 불평불만을 품은 친인척이나 부하 직원들이 독립해 같은 업종의 회사를 차릴 것이다. 시장은 한정되어 있으니 매출은 줄 것이고, 결국 회사를 쪼갠 꼴이 되는 셈이다. 거기다가 소문까지 나쁘게 나서 인재는 더 이상 모여들지 않을 터이니, 회사는 조만간 쓰러질 운명에 놓이게 된다.

어느 정도 성공의 궤도에 올랐다고 판단되면 기쁨을 함께 나누어라. 기쁨은 나눌수록 배가 된다.

# 한 분야의 선구자가 되어라

예전 부모는 아이가 공책에다 낙서하면 공부는 안 하고 엉뚱한 짓만 한다고 혼을 냈다. 요즘 부모는 아이가 만화가가 되려나 보다 싶어서 방치해둔다.

예전 부모는 출세하려면 공부를 잘해야 한다고 생각했다. 그러나 요즘 부모는 공부가 아니더라도 무엇이든 한 가지만 잘하면 출세할 수 있다고 생각한다.

요즘 부모는 아이에게 일찍부터 여러 가지를 시킨다. 피아노, 바이올린, 무용, 태권도, 바둑, 글짓기, 그림, 축구, 농구 등등……. 아이의 재능을 일찍 발굴해 그 방면으로 키워주기 위함이다.

드론 운항관리사에다 개를 체계적으로 관리하는 도그워크, 인공지능 전문가라는 생소한 직업까지 등장하고, 매일 게임만 한다고 가족들 속깨나 썩였을 프로게이머가 텔레비전 광고에 모델로 등장하는 세상이니, 어른들의 생각이 바뀌는 것도 무리는 아니다.

그러나 프로가 되어서 밥벌이를 할 수 있을 정도로 실력을 갖추기란 쉽지 않다. 오랜 세월 피나는 훈련을 해야 하는 데다, 설령 실력을 갖추었다고 해도 제 실력을 인정받지 못하는 경우가 허다하다.

어느 분야든 간에 터줏대감은 존재하게 마련이다. 그들은 이미 사회적으로 인정받은 대가이기 때문에 그 세계에 입성하려면 그들의 허가 내지는 인정을 받아야 한다.

예체능의 경우만 보더라도 재능의 높고 낮음을 정확히 측정하기란 불가능하다. 단순히 터줏대감의 취향에 의해 당락이 결정되기도 한다. 이러한 실정을 잘 알고 있는 몇몇 사람은 터줏대감의 선심을 사기 위해서 뒷구멍으로 돈을 건넨다. 그래서 예체능계에 잡음이 끊이질 않는 것이다.

직업의 세계도 크게 다르지 않다. 이미 괜찮은 직업으로 인정받은 경우에는 오랜 세월 공부해야 하며, 대가가 되기 위해서는 어느 정도 운도 따라줘야 한다.

세상에 쉬운 일은 없다. 그러나 머리를 잘 쓰면 좀 더 쉽게 성공할 수 있다. 무혈입성(無血入城), 싸우지 않고 곧장 승리자가 될 수 있다. 일종의 블루오션전략인데 바로 한 분야의 선구자가 되는 것이다.

세계적인 아티스트 백남준의 경우가 대표적이다. 만약 백남준이 다른 화가들처럼 캔버스에다 붓으로 그림을 그렸다면 지금처럼 유명해졌을까?

백남준이 아무리 훌륭한 그림을 그린다고 해도 그것은 불가능하다. 왜냐하면 기존의 대가들과 그림 애호가들이 인정하지 않기 때문이다. 스페인 국민은 백남준을 피카소와 나란히 놓는 것을 원치 않을 것이고, 프랑스 국민은 백남준을 달리와 나란히 놓는 것을 원치 않을 것이고, 러시아 국민은 백남준을 칸딘스키와 나란히 놓는 것을 원치 않을 것이다.

그러나 백남준은 1963년 '비디오 아트'라는 독특한 장르를 세상에 처음으로 선보였다. 그로부터 36년 뒤인 1999년, 세계적 미술 전문지인 미국의 〈아트 뉴스〉는 지난 1세기 동안 가장 영향력 있는 예술가 25인에 백남준을 피카소, 달리, 칸딘스키 등과 함께 나란히 올렸다. 백남준의 개척자 정신이 빚은 결실이다.

사업도 마찬가지다. 이미 남들이 개척해서 성공을 거둔 사업으로는 돈을 벌어들이기 힘들다. 돈을 벌 수 있는 일이라면 물불 가리지 않는 세상이다. 경쟁이 치열하리라는 것은 불 보듯 뻔하다.

더 쉽고, 더 크게 성공하고 싶다면 새로운 분야를 개척하라. 독점 사업을 하면 돈을 버는 건 땅 짚고 헤엄치기다. 대기업이 새로운 사업 아이템을 발견했다 하면 체면 불고하고 죽자 사자 달려드는 것도 그 때문이다.

새로운 분야를 개척한다고 해서 지레 겁먹지 마라. 콜럼버스나 마젤란처럼 목숨을 건 항해를 하라는 건 아니다. 이미 나와 있는 사업 아이템을 시대 흐름에 맞게끔 조금 비틀거나 다른 사업과 접목시키면 전혀 새로운 사업이 탄생한다. 작은 아이디어만 있으면 누구나 선구자가 될 수 있다.

정말로 그런 쪽으로는 재능이 제로에 가깝다면, 주변에서 그런 사람을 찾아라. 자본은 없지만 아이디어가 풍부한 사람은 찾아보면 의외로 많다. 그런 사람과 손잡고 사업을 하면 거북을 타고 바다를 건너는 격이다.

지금은 개척 정신이 절실히 요구되는 시대다.

# 05

## 전문가에게 조언을 구하라

●

　현대는 열린사회다. 예전에는 공부나 일을 하다 벽에 부딪치면 누구를 찾아가 자문을 구해야 할지 몰랐다. 설령 그런 사람을 찾았다 해도 비법을 쉽게 전수받기가 어려웠다.

　괜찮은 스승을 찾아내기란 보통 일이 아니었고, 스승의 마음을 얻기란 더더욱 어려웠다. 그래서 세간에 밥하기 3년, 물 긷기 3년, 빨래하기 3년을 거치고서야 가까스로 비법을 전수받았다는 이야기가 떠돌았다.

　힘들게 익힌 비법이니 아무리 가까운 사이라도 공유하려 했겠는가. 자신의 노하우나 정보 공개에 참으로 인색했던 시대였다.

　그러나 요즘은 한 분야의 전문가를 찾아내는 건 일도 아니다. 또한 예전처럼 직접 찾아가지 않아도 전화나 메일을 통해 궁금증을 간단히 해결할 수 있다.

열린사회에서 성공하려면 마인드 자체가 열려 있어야 한다. 그래야 열린사회를 적절하게 활용할 수 있다.

그러나 여전히 닫힌 사람이 많다. 나름대로 울타리를 쳐놓고 그곳이 마치 세계의 전부인 양 그 안에서 살아간다. 그런 사람은 대개 세 종류다.

**첫째, 지나치게 자존심이 강한 경우.**

전문직이면서 남들도 인정할 정도로 재능을 지니고 있는 사람들이다. 이들은 자신이 최고의 전문가라는 자부심을 갖고 있다. 누가 물어보면 가르쳐주지만 모르는 게 있어도 전문가를 찾아가 묻지는 않는다. 외부와 불통한 채 살아가는 것이다.

그러나 이런 사람일수록 전문가와의 교류가 필요하다. 좀 더 겸손해져서 울타리에서 벗어난다면 크게 성공할 수도 있다.

**둘째, 지나치게 소심한 경우.**

개인 사업을 하거나 직장에서 일을 잘한다고 인정받는 사람 중에 많다. 머리가 남들보다 비상하나 성격이 소심하다. 스스로도 자신의 성격을 체념해버려서 외부 세계와의 접촉을 꺼린다. 좀 더 다듬으면 실용화할 수 있는 기발한 아이디어도 접촉이 없기 때문에 쉽게 사장되어버린다.

이런 사람은 특별한 계기가 있지 않는 한 스스로의 힘으로 성격을 개조하지 못한다. 재능을 인정해주는 사람이 주변에 있으면 다행이지만 그렇지 못한 경우 불운하게 인생을 마칠 수도 있다.

**셋째, 지나치게 낙천적인 경우.**

재능도 있고, 사교성도 있고, 머리도 좋으나 주어진 환경이 열악한 사람 가운데 많다. 기회를 만들기 위해서는 환경을 바꿔야 하는데 쉽게 안주하려는 성향이 있다.

이런 사람은 전문가를 찾아다니다 보면 좋은 기회가 주어진다. 세상에는 사람에게 투자하고 싶어 하는 부자들도 많다.


열린 세상에는 울타리가 없다. 자신의 손으로 울타리를 걷어내고 밖으로 나오지 않으면 결코 성공할 수 없다. 어느 때보다 소통과 협력이 필요한 시대다.

모르는 점이나 궁금한 점이 있다면 두려워 말고 전문가를 찾아가서 조언을 구하라. 전문가란 누군가 인정해주었기에 달인이 된 사람이다. 그가 계속 전문가로 인정받기 위해서는 세상 사람들 앞에서 자신의 솜씨를 유감없이 발휘해야만 했다.

전문가의 솜씨를 직접 보고, 그들의 이야기에 진지하게 귀를 기울여라! 그러다 보면 어느 한순간, 전율처럼 영감이 찾아온다.

영감을 놓치지 말고 꼭 붙잡아라! 숲에서 불어오는 바람처럼 어느 날 문득 찾아온 영감이 당신을 성공의 길로 인도할 것이다.

# 세 치 혀가 아닌, 마음으로 사람을 대하라

일본인의 특성을 거론할 때 '혼네[本音]'와 '다테마에[建前]'를 예로 든다. 그들은 '속마음(혼네)'은 그렇지 않은데 '예의상 겉치레로 하는 말과 행동(다테마에)'이 많다. 개인의 자유보다는 사회와의 조화를 우선시하다 보니 생긴 현상이다.

한국인들은 속셈을 알 수 없는 사람을 만나면 "장사꾼 같다"라고 표현한다. 주로 말을 번지르르하게 잘하는 사람을 지칭할 때 사용한다. 장사꾼처럼 말을 잘하는 사람을 만나면 속내를 짐작할 수 없기 때문에 일단 의심부터 하고 본다. 무슨 속셈이 있어서 접근한 게 아닌가 싶어서 경계의 끈을 놓지 않는다.

요즘 사람들은 대체적으로 말을 잘한다. 거짓말도 표정 하나 바꾸지 않고 태연하게 한다. 말 잘하는 사람이 너무 많아서 도처에서 언쟁이 끊이질 않는다.

그렇다면 그들은 정말 말을 잘하는 것일까?

사실, 그렇지는 않다. '성공하는 사람의 화술'에서도 언급했지만 말을 정말 잘하는 사람은 남의 이야기를 잘 듣는 사람이다. 자신의 할 말만 하는 사람이 아니라, 대화를 통해서 목적한 바를 달성하는 사람이다.

'장사꾼 같다'는 인식을 심어준다면 화술이 형편없음에 다름 아니다. 일단 경계심을 갖게 되면 설득하기 어렵다. 조금만 더 이야기하면 먹힐 것 같아서 계속 이야기하지만 소용없는 짓이다. 상대는 그저 예의상 듣고 있는 것뿐이다.

전문 사기꾼 중에는 어눌한 말투를 사용하는 사람이 의외로 많다. 전혀 사기 칠 것 같지 않은 분위기의 사람이기에 믿었다가 사기를 당하는 것이다.

성공한 사람 중에는 달변가도 있지만 많은 편은 아니다. 대다수가 남의 이야기를 귀 기울여 듣고, 이런저런 질문을 많이 던진다. 질문을 통해서 대화의 질도 높이고, 자신이 원하는 방향으로 화제를 이끌어나간다.

성공한 사람과 대화를 나누다 보면 어느 한순간, '이 사람은 참 진실하구나!' 하는 걸 느끼게 된다. 세 치 혀로 대화를 하지 않고 마음으로 대화를 하기 때문이다.

진실한 사람은 미워할 수 없다. 육체나 영혼이 깨끗해지기를 바라는 것은 인간의 본성이다. 때가 덜 묻은 순수한 사람을 만나면 괜히 기분이 좋아진다.

성공한 사람 가운데는 의외로 순수한 사람이 많다. '이런 사람이 어떻게 이 험한 사회에서 성공했을까?' 하는 생각이 절로 든다.

그러나 그들의 성공 비결은 바로 순수하고 진실한 마음에 있다. 순수하고 진실한 사람은 보호 본능을 자극한다. 그런 사람과 마주하고 있으면 권모술수를 부린다는 것 자체가 부끄러워진다.

마음에도 없는 말로 사람을 이용하거나 속이려 들지 마라. 속인 사람은 금세 잊어버려도 속은 사람은 평생 잊지 못한다.

# 가족을 행복하게 하라

"가정이야말로 고달픈 인생의 안식처요, 모든 싸움이 자취를 감추고 사랑이 싹트는 곳이요, 큰 사람이 작아지고 작은 사람이 커지는 곳이다."

《타임머신》,《투명인간》 등의 저자 허버트 조지 웰스의 명언이다.

가정은 속옷 같은 것이다. 겉으로는 드러나지 않지만 심리적으로 많은 영향을 준다. 가정이 화목한 사람은 따뜻하고 정갈한 속옷을 입고 있는 것과 같아서, 언제 어느 장소에 있어도 편안하다. 표정은 부드럽고, 눈빛은 고요하고, 몸짓은 차분하다.

가정에 문제가 있는 사람은 구멍이 숭숭 뚫린 더러운 속옷을 입고 있는 것과 같아서, 언제 어느 장소에 있어도 불안하다. 표정은 굳어있고, 눈빛은 쉴 새 없이 움직이며, 잠시도 가만히 있지 못하고 수시로 자세를 바꾼다. 상대방이 이야기를 한창 늘어놓고 있는데 성급하게 결말을 묻기도 하고, 술잔을 지나치게 빨리 비우고, 자꾸만 주변을 두리번거린다.

가정에 문제가 있으면 심리가 불안해서 아무리 감추려고 해도 은연중에 드러난다. 당사자는 가급적 생각하지 않으려 하지만, 가정 문제는 세상에서 가장 사소하면서도 가장 중요한 고민이기 때문에 무의식중일지라도 계속 생각하게 된다.

아귀가 맞지 않는 책상은 오래 사용하면 어느 한순간에 부서져버린다. 가정불화도 마찬가지다. 처음에 삐걱거릴 때 바로잡아야 한다. 한동안 방치해두었다가 뒤늦게 바로잡으려 했다가는 돌이킬 수 없는 지경에 이른다.

온갖 고생 끝에 성공의 문턱을 밟은 사람이 가정불화로 한순간 미끄러져 내리는 걸 보면 참으로 안타깝다.

성공을 위해서 가정을 희생해야 했던 시절이 있었다. 중년을 넘은 이 상당수가 자식이 성장할 때 제대로 놀아주지 못했다며 가슴 아파한다. 그들은 낮에는 일하고 밤에는 거래처 사람을 접대하며 세월을 보냈다.

그러나 이제는 접대 문화 자체가 바뀌고 있다. 개인의 사생활을 중시하는 세태이다 보니 접대하는 사람은 물론이고 접대받는 사람도 밤늦게까지 술집을 전전하기를 원치 않는다.

회식 문화도 변해가고 있다. 2차, 3차를 전전하며 자정 넘어서까지 술을 마시는 과거의 회식 문화를 전통인 양 유지하는 회사도 여전히 존재한다. 하지만 대다수 회사가 변신을 꾀하고 있다. 횟수도 줄어들었고, 강제성도 사라져서 1차만 끝내고 귀가하는 분위기다.

야근이나 주말 근무도 점차 줄어드는 추세라서 상대적으로 가족과 함께할 수 있는 시간이 부쩍 늘어났다.

피곤하고 귀찮더라도 주말에는 가족과 함께 시간을 보내는 게 좋다. 행복해하는 가족의 모습에서 성공의 의미를 찾아라.

정 시간이 없다면 아내와 아이들과 함께 운동하라. 당신의 운동 시간 속으로 가족을 끌어들여라. 운동하면서 대화를 나눠라. 나의 행복이 아닌, 가족 모두의 행복을 위해서 노력하고 있음을 구성원 모두가 마음으로 느껴야 한다. 그래야만 훗날 이기적이고 독단적인 사람이라는 비난을 피할 수 있다.

가족의 행복을 위해서 뼈 빠지게 일했는데, 노년에 식구들로부터 따돌림을 당한다면 얼마나 가엾은 인생인가.

한 달에 한두 번만이라도 가족과 함께 주말을 보내라. 그날은 대통령과의 특별 면담이라고 생각하면서 온전하게 비워둬라.

성공이 멋진 소파 같은 거라면 가정은 집과 같다. 집이 허물어져버렸는데 멋진 소파를 들여놓은들 무슨 소용 있겠는가?

# 08

## 종교를 가져라

꿈이 있는 사람은 가슴속에 강한 신념이 있다.

그러나 아무리 의지가 강하더라도, 환경의 변화나 내면의 갈등을 겪다 보면 흔들리게 마련이다. 그럴 때면 흔들리는 자신을 바로잡아 줄 누군가가 있었으면 하는 마음을 품게 된다.

훌륭한 스승이나 존경하는 부모가 곁에 있다면 어느 정도는 위안이 된다. 그러나 그들이 평생 옆에서 지켜줄 수는 없는 노릇이다.

세상을 살아가면서 힘들고 고단할 때 지친 몸과 영혼을 달랠 수 있는 안식처가 필요하다. 이럴 때 종교는 좋은 안식처이다.

종교를 가져라!

약한 인간은 강해질 것이며 강한 인간은 더욱 강해질 것이다. 종교는 신념을 가슴속 깊이 뿌리내리도록 도와준다. 또한 상처 입은 영혼을 치료해준다.

혼자 힘으로는 불가능한 일도 종교의 힘을 빌리면 가능하다. 믿음을 지닐 때 인간은 강해진다. '절대적 능력'을 지닌 존재가 나와 함께한다는 믿음만 있다면 이 세상에서 못 해낼 일이 없다.

가능하다면 종교는 온 가족이 함께 가져라. 종교를 갖게 되면 가정이 화목해진다. 신앙은 가정을 순결하게 만들고, 가족 구성원을 행복하게 만든다. 종교생활은 자식 교육에도 보탬이 된다. 종교를 갖고 있는 아이는 종교를 갖고 있지 않은 아이보다 심성이 곧고 바르다. 또한 사교적이다.

매일 술에 취해서 들어오는 부모 밑에서 자란 아이와 경건한 모습으로 기도하는 부모 밑에서 자란 아이 중 훗날 어떤 아이가 성공하겠는가?

부모는 자식이 자신보다 더 훌륭한 사람으로 성장하기를 바란다. 그러나 사람은 환경의 동물이다. 자식은 부모에게 영향을 받을 수밖에 없다. 세상에서 가장 훌륭한 스승은 부모지만 세상에서 가장 형편없는 스승도 바로 부모다.

스스로 생각해도 내가 그다지 훌륭한 부모가 아니라면 지금 당장 종교를 가져라! 신은 당신을 대신해서 아이들을 훌륭하게 키워줄 것이다.

성공하기 위해서는 품격이 있어야 한다. 종교는 사람에게 품격을 갖게 해준다. 품격은 겸손한 사람에게서만 풍기는 기분 좋은 향기다. 아무리 학식이 높다고 해도 오만한 인간에게서는 악취가 풍긴다. 고개를 조아릴 줄 모르는 인간은 높은 자리에 앉으면 욕을 먹게 되어 있다. 아랫사람들은 앞에서는 고개를 숙이지만 돌아서기 무섭게 욕을 해댄다.

항상 신 앞에서 고개를 조아리는 이는 겸손하다. 그런 인물이 높은 자리에 앉으면 존경을 받는다. 사람들은 그에게 고개만 숙이는 것이 아니라 마음까지 숙이기 때문이다.

톨스토이는 "신의 존재를 믿는다는 것, 인간의 행복은 이 한마디로 족하다"고 말했다. 종교는 끝도 모를 심연 속을 헤매는 인간의 영혼을 구원하고, 행복의 세계로 이끈다.

종교를 가져라!

종교는 세상의 거센 풍파 속에서 당신과 당신의 가정을 온전히 지켜줄 든든한 바람막이요, 마음의 안식처이다.

# 부록 : 꿈을 향한 출발선에서

* 이루고 싶은 나의 꿈을 쓰세요.

_____

* 몇 년도 몇 월 며칠까지 그 꿈을 이룰지 데드라인을 정하세요.

_____

* 살려야 할 나의 장점을 세 가지 쓰세요.

_____

* 개선해야 할 나의 단점을 세 가지 쓰세요.

_____

* 꿈을 이루기 위해 반드시 필요한 것, 세 가지만 쓰세요.

_____

* 오늘부터 당장 시작해야 할 일을 쓰세요.

_____

* 6개월 뒤에 변화된 나의 모습을 세 줄로 쓰세요.

_____

* 3년 뒤에 변화된 나의 모습을 세 줄로 쓰세요.

_____

* 묘비명에 새기고 싶은 글을 한 줄로 쓰세요.

_____

# 나를 변화시키는 좋은 습관

초판 1쇄 발행 2017년 6월 15일
초판 5쇄 발행 2019년 7월 15일

지은이 | 한창욱
펴낸이 | 전영화
펴낸곳 | 다연
주　소 | 경기도 고양시 덕양구 은빛로 41, 대경 502호
전　화 | 070-8700-8767
팩　스 | 031-814-8769
메　일 | dayeonbook@naver.com

본　문 | 미토스
표　지 | 김윤남

ⓒ 한창욱

ISBN 979-11-87962-23-6　(03320)